国に命《めい》じられて誰《だれ》かが誰かを殺《ころ》す。誰かが誰かに殺される。とても怖《こわ》い。異常《いじょう》な事態《じたい》。
でもたった今この瞬間《しゅんかん》も、世界のあちこちで、こんなことが続いている。

世界最大の哺乳類《ほにゆうるい》である鯨《くじら》のジャンプ。すごいすごい。海面《かいめん》が泡《あわ》だって波が砕《くだ》ける。船が揺《ゆ》れる。あなたも揺れる。

どこの国だろう。街角《まちかど》のありふれた光景《こうけい》。今日は日曜日。宿題も全部終わった。
お母さんが子どもたちを呼《よ》ぶ声が聞こえてくる。そろそろ昼食《ちゅうしょく》の時間かな。

北極圏《ほっきょくけん》の夜空《よぞら》にくりひろげられるオーロラの舞《ま》い。じっとしていると凍《こご》えそうだけど、でも誰《だれ》もが幻想的《げんそうてき》なその光景《こうけい》に、思わず時間が過《す》ぎることを忘《わす》れてしまう。

大災害《だいさいがい》だ。でも泣《な》いてばかりもいられない。瓦礫《がれき》の下には、寒くて震《ふる》えている人がいるかもしれない。医薬品《いやくひん》が足りないかもしれない。きっとあなたにも、できることはあるはずだ。

渡《わた》り鳥《どり》が飛ぶ。どこへ向かっているのだろう。遠くにそびえる山々の峰《みね》。地球は広いね。
暑いところ、寒いところ、乾《かわ》いたところ、ジャングル、いろんな場所がある。

楽しい夕食。みんなでおしゃべり。言葉も宗教《しゅうきょう》も肌《はだ》の色も違《ちが》うけれど、
家庭《かてい》の優《やさ》しさと楽しさは世界《せかい》共通《きょうつう》。みんな同じ。何も変わらない。

遠くに見える青い球体は、どうやら地球のようだ。ここは月面の「静《しず》かの海」あたり。あの美しく輝《かがや》く星にあなたがいる。僕《ぼく》もいる。みんながいる。カメラはこうして、いろんな世界を教えてくれる。

増《ぞう》補《ほ》新《しん》版《ぱん》

世界を信じるためのメソッド

ぼくらの時代のメディア・リテラシー

森 達也

よりみちパン!セ

僕《ぼく》たちの世界観《せかいかん》は、メディアによって作られる。だからメディアはとても大切。でもメディアは時おり間違《まちが》える。そしてそのメディアを読んだり見たり聞いたりした人たちは、とても簡単《かんたん》にそれを信《しん》じ込《こ》む。つまり間《ま》違《ちが》った世界観《せかいかん》が、とても大量《たいりょう》に作られる。メディアにはその危険性《きけんせい》がある。……ならば、僕《ぼく》らはどうすればよいと思う？

第2章

メディア・リテラシー、誰《だれ》のために必要《ひつよう》なの？

メディアは怖《こわ》い。なぜなら使い方を誤《あやま》ると、たくさんの人が死ぬ。メディアの情報《じょうほう》を何の疑《うたが》いもなくそのまま受け入れてしまうと、人を殺《ころ》し、そして自分も殺《ころ》されることになる状況《じょうきょう》を呼び寄《よ》せてしまう可能性《かのうせい》がある。そこまで人間は愚《おろ》かじゃないって？　でもそれは、歴史《れきし》が証明《しょうめい》していることだ。

第3章 キミが知らない、メディアの仕組み

公正中立《こうせいちゅうりつ》で客観的《きゃっかんてき》なのがメディア。言い換《か》えれば、個人《こじん》の感情《かんじょう》やこうあってほしいという願いなどは排除《はいじょ》される、ということになる。でもそんなことは絶対《ぜったい》に不可能《ふかのう》だ。絶対《ぜったい》という言葉はあまり好きじゃないけれど、でもこれは絶対《ぜったい》。それにもしもそんなことができる人がいるならば、それは人じゃなくて神さまだ。

僕《ぼく》がクビになった理由　／　トップ・ニュースは何か?　／　ニュースの価値《かち》を決めるのは誰《だれ》?　／　ニュースの作られかた　／　どっちも「事実」なのに　／　「わかりやすさ」が人生を左右《さゆう》する　／　「撮《と》る」とは「隠《かく》す」こと　／　視聴率《しちょうりつ》と小数点以下《いか》の世界　／　事実の断片《だんぺん》とその積み重なり　／　「中立《ちゅうりつ》」って何?　／　救《すく》いようのない悪人と「自分」　／　「悪」はどこにいる?　／　両方の言い分を聞けば、公平なの?　／　多数派に従《したが》うのはなぜ?　／　メディアの矛盾《むじゅん》

第1章

メディアは人だ。だから間《ま》違《ちが》える。

僕《ぼく》たちの世《せ》界《かい》観《かん》は、メディアによって作られる。だからメディアはとても大切。でもメディアは時おり間《ま》違《ちが》える。そしてそのメディアを読んだり見たり聞いたりした人たちは、とても簡《かん》単《たん》にそれを信《しん》じ込《こ》む。つまり間《ま》違《ちが》った世《せ》界《かい》観《かん》が、とても大量《たいりょう》に作られる。メディアにはその危《き》険《けん》性《せい》がある。……ならば、僕《ぼく》らはどうすればよいと思う？

連想《れんそう》ゲームをしよう

突然《とつぜん》だけど、ゲームをしよう。連想《れんそう》ゲームだ。アフリカと聞いて、あなたは何を連《れん》想《そう》する？　あまり難《むずか》しく考えなくていいよ。ぱっと思いついたイメージを言ってほしい。僕《ぼく》も書くよ。同時にやろう。

ライオンやキリンやシマウマやゾウ
ジャングル
狩《かり》をする黒人たち
サバンナ
キリマンジャロ

こんなところかな。ちなみに僕《ぼく》は二年前にケニヤに行った。滞在《たいざい》したのはモンバサという港町だったけれど、高層《こうそう》ビルもあればコンビニもある。もちろん車で二時間も走れば、多くの野生動物が棲息《せいそく》する国立公園に行けるけれど、狩《かり》をしている現地《げんち》の人などもういない。

イメージってどうしてもわかりやすいものに固《かた》まってしまう。その結果《けっか》、実際《じっさい》とはかなり違《ちが》うものになってしまうけれど、人はなかなかこれに気づくことができない。これをステレオタイプという。

まあこれはちょっぴり余談《よだん》。でもこの本のテーマに、実はとても関《かん》係《けい》が深いことでもある。これについては、またあとで書こう。今は連《れん》想《そう》ゲームだ。じゃあもうひとつ。パリと聞いて連想《れんそう》するものは？

エッフェル塔《とう》

セーヌ川

颯爽《さつそう》と街《まち》を歩くパリジェンヌ

シャンゼリゼ通り

凱旋門《がいせんもん》

ノートルダム大聖堂《だいせいどう》

最後《さいご》にもうひとつ。今度は日本からとても近い国だ。北朝鮮《きたちようせん》と聞いて、今あなたが連想《れんそう》するイメージは？

金正日《キムジョンイル》の怒《おこ》った顔

たくさんの人たちのマスゲーム

足を真直《まっす》ぐに伸《の》ばして行進する軍隊《ぐんたい》
怒《おこ》ったようにしゃべる平壌《ピョンヤン》放送のアナウンサー

オーケー。今この本を読んでいるあなたの声は、残念《ざんねん》ながら今この本を書いている僕《ぼく》には聞こえない。でもきっと、それぞれの国や地域《ちいき》の名前を聞いてあなたがイメージしたものは、僕《ぼく》が例《れい》に挙《あ》げた要素《ようそ》とだいたい同じようなものだと思う。

イメージって、どう作られる？

じゃあここでもうひとつ質問《しつもん》。これらひとつひとつのイメージを、あなたはなぜ知ったのだろう？

別《べつ》に国や地域《ちいき》だけじゃない。何だっていい。たとえば交通事故《こうつうじこ》。た

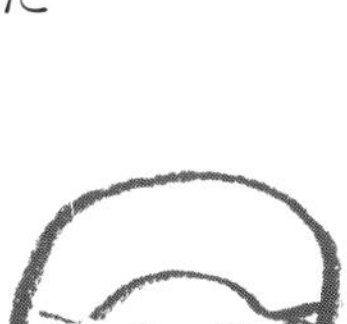

とえばシーラカンス。たとえば宇宙《うちゅう》ロケット。たとえば世界一のお金持ちの邸宅《ていたく》。たとえばオーロラ。たとえば時代劇《じだいげき》の撮影現場《さつえいげんば》。たとえば戦争《せんそう》。たとえばウミガメの産《さん》卵《らん》。

これらの言葉から、あなたはまず映像《えいぞう》をイメージするはずだ。ならば今度は、その映像《えいぞう》を自分がなぜ知っているかを、もう一度考えてほしい。ほとんどの場合《ばあい》はテレビのはずだ。本や新聞の写真の場合《ばあい》もあるだろう。教科書や映画《えいが》の場合《ばあい》もあるかもしれない。

これを言《い》い換《か》えれば、あなたが今持っているこの世界のイメージのほとんどは、テレビや新聞や映画《えいが》や本などから与《あた》えられた情報《じょうほう》で、作られているということになる。

学校や放課後《ほうかご》のグラウンド。夕食の豚《トン》カツやマクドナルドのバリュー・セット。家からいちばん近い停留所《ていりゅうじょ》から発進するバス。その車窓《しゃそう》から見た街《まち》の風景《ふうけい》。神社の夏祭り。近所のコンビニのレジのお兄さん。

これらは僕《ぼく》たちの生活の範囲内《はんいない》にある。だから直接《ちょくせつ》見たり、聞いたり、食べたりすることができる。でも世界は広い。僕《ぼく》たちが普段《ふだん》、見たり聞いたりできる範囲《はんい》だけが世界じゃない。

そんな遠い国や地域《ちいき》のことなんて、自分には関係《かんけい》ないと思う人がいるかもしれない。

うん。確《たし》かに。知らなくても生活に不自由《ふじゆう》はない。でもちょっと待って。

世界を知る理由

たとえば中東で戦争《せんそう》が起きる。そうすると原油を輸入《ゆにゅう》しづらくなる。量《りょう》が少なくなるからみんなが我先《われさき》に欲《ほ》しがる。だから原油の価格《かかく》が上がる。原油を精製《せいせい》して作るガソリンも上がる。ドライブができなくなる？　いやいや、そんなレベルじゃない。トラックなどで運んでいた

国内の商品の流通にかかる経費《けいひ》が上がる。そうすると商品の値段《ねだん》が上がる。原油を材《ざい》料《りょう》にしていた製品《せいひん》の値段《ねだん》も上がる。工場でも原油を燃料《ねんりょう》に使うところでは、製品《せいひん》に値《ね》上《あ》げの分が上乗《うわの》せされる。

こうしてありとあらゆるものの値段《ねだん》が上がる。材料《ざいりょう》が減《へ》るから生産量《せいさんりょう》は下がる。倒《とう》産《さん》する会社が増《ふ》える。あなたの家の生活だって大変《たいへん》になる。

これはほんの一例《れい》。世界の経済《けいざい》はネットワークで成《な》り立《た》っている。他《ほか》の国の経済状《けいざいじょう》況《きょう》は日本にも大きく関係《かんけい》する。

遠い国や地域《ちいき》のことなんて関係《かんけい》ないなどと言っていたら、サッカーのワールドカップの決勝戦《けっしょうせん》や、ディズニーの新作映画《えいが》だって観《み》ることができなくなるかもしれない。スーパーに行ったら、商品の半分以上《いじょう》が消えているかもしれない。いずれにしても僕《ぼく》やあなたの今の生活は、この広い世界と無《む》関係《かんけい》ではありえない。とても密接《みっせつ》に関係《かんけい》している。

いろいろ世界を知らなくてはいけない理由を書いたけれど、僕《ぼく》の本音はもう一つある。ここに書くことが恥《は》ずかしくなるくらいに単純《たんじゅん》だ。でもいろいろ考えたけれど、やっぱりこれがいちばん大きい。

知りたいんだ。

今世界で何が起きているのかを。直接《ちょくせつ》の関係《かんけい》がないとしても、でも同じ時代に同じ地球で暮《く》らす人たちのことを、僕《ぼく》はできるだけ知りたい。アマゾンの密林《みつりん》で暮《く》らす人たちは何を食べているのか。北極圏《ほっきょくけん》で暮《く》らすイヌイットたちは何を着ているのか。南氷洋を泳ぐマッコウクジラを見たい。ロシアのバイカル湖にアザラシがいるという噂《うわさ》は本当なのか。ニューヨークの摩天楼《まてんろう》も見たい。中国の高地に暮《く》らす少数民族《しょうすうみんぞく》の一日を知りたい。経済《けいざい》の関係《かんけい》があってもなくても、他《ほか》の国の戦争《せんそう》についても、やっぱ

り僕《ぼく》は知りたい。誰《だれ》も知り合いはいなくとも、関係《かんけい》ないとは思えない。戦争《せんそう》が起きれば、たくさんの人が死ぬ。同じ時代に同じ地球に生まれた人たちだ。それは僕《ぼく》やあなたに関係《かんけい》ないの？　もしかしたら僕《ぼく》やあなたにもできることがあるかもしれない。今すぐに思いつかないとしても、でも知らなければ考えることもできない。僕《ぼく》は知らないままで生きたくない。知りたい。あなたは知らないままでいいの？

戦争《せんそう》だけじゃない。世界には飢餓《きが》もある。地震《じしん》や津波《つなみ》などの災害《さいがい》だってある。いろんな国、いろんな地域《ちいき》、そしていろんな人たちのことを、僕《ぼく》は知りたい。見たい。聞きたい。でも実際《じっさい》にそのすべての場所に足を運べるほど、僕《ぼく》やあなたは自由ではないし、時間やお金もとてもかかる。

だからテレビやラジオ、新聞や本は、とても重要《じゅうよう》だ。

メディアは世界をどう作る？

世界を君に伝《つた》えてくれるテレビやラジオ、新聞や本を「メディア」と呼《よ》ぶ。「マスコミ」と言う人もいる。「マスコミ」の元の言葉である「マス・コミュニケーション」を正確《せいかく》に翻訳《ほんやく》すれば、「受信《じゅしん》する能力《のうりょく》を持つすべての人に公開されたコミュニケーション活動」ということになる。テレビやラジオ、新聞や本も含《ふく》まれるけれど、映画《えいが》やビデオ、インターネットやポスターやチラシ、場合《ばあい》によっては切手やお菓子《かし》の袋《ふくろ》のパッケージだって、広い意味ではマスコミのひとつだ。だからこの本では、僕《ぼく》はマスコミという言葉は使わずに、メディアを使う。

広辞苑《こうじえん》を引けば、「メディア」の意味は「媒体《ばいたい》」、そして「手段《しゅだん》」。

ならば「媒体《ばいたい》」の意味はというと、「媒介《ばいかい》するもの」、「伝達《でんたつ》の手段《しゅだん》」。

わかるかな。要《よう》するに何かを伝《つた》える手段《しゅだん》のこと。それがメディア。

この場合《ばあい》の何かは、熱《ねつ》や振動《しんどう》などではなく「情報《じょうほう》」。うーむ。ついでだ。「情報《じょうほう》」も広辞苑《こうじえん》で調べてみよう。

①あることがらについてのしらせ
②判断《はんだん》を下したり行動を起こしたりするために必要《ひつよう》な、種々《しゅじゅ》の媒体《ばいたい》を介《かい》しての知識《ちしき》

ここでまた「媒体《ばいたい》」が出てきた。何だかぐるぐる回っている。でも言わんとすることはわかるよね。僕《ぼく》たちがこの世界についてイメージを持つとき、メディアはその材料《ざいりょう》となる情報《じょうほう》を提供《ていきょう》する媒介《ばいかい》となる。媒介《ばいかい》がなければ伝《つた》わらない。媒介《ばいかい》がなければ知ることはできない。

世界についてのイメージ。つまり世界観《せかいかん》。それはとても大事なこと。人はそれぞれの世界観《せかいかん》を持つ。僕《ぼく》の世界観《せかいかん》は僕《ぼく》自身でもある。あなたの世界観《せかいかん》もあなた自身でもあ

る。それを媒介《ばいかい》するのがメディア。だからもしメディアが間違《まちが》えれば、僕《ぼく》やあなたの世界観《せかいかん》が、間違《まちが》ったものになってしまう可能性《かのうせい》がある。それは困《こま》る。せっかくこの世界に生まれてきたのだ。だからちゃんと知りたい。間違《まちが》った世界を知りたくない。正しい世界を知りたい。いろんな人の喜《よろこ》びや悲しみ、絶望《ぜつぼう》や希望《きぼう》、怒《いか》りや嘆《なげ》き、優《やさ》しさや豊《ゆた》かさ。それらを僕《ぼく》はちゃんと知りたい。あなただってそうだよね。

だからメディアは、とても大事な存在《そんざい》だ。

ところがそのメディアが、間違《まちが》えることがある。たまにじゃない。メディアはとてもよく間違《まちが》える。なぜなら、メディアという機械《きかい》があるわけじゃないからだ。メディアという抽象的《ちゅうしょうてき》な存在《そんざい》があるわけでもない。

メディアの意味は媒体《ばいたい》。ならばこの媒体《ばいたい》となるものは何だろう？

カメラ？　ペン？　印刷機《いんさつき》？　アンテナ？

うん確《たし》かに。いろんな要素《ようそ》がある。でもこれらをそこに置《お》いておい

てもメディアにはならない。ただの道具だ。道具は使う誰《だれ》かがいて、初《はじ》めて意味を持つ。

つまりメディアは人。

テレビなら映像《えいぞう》を撮《と》るカメラマン。現場《げんば》で演出《えんしゅつ》をするディレクター。そのすべてを管理《かんり》するプロデューサー、新聞や雑誌《ざっし》なら取材《しゅざい》をする記者、写真を撮《と》るカメラマン、記者の原稿《げんこう》をチェックするデスクや校閲《こうえつ》。とてもたくさんの人たちが、それぞれのポジションでひとつの番組や記事に関《かか》わっている。

彼《かれ》らは人だから当然間違《とうぜんまちが》える。でもテレビの視聴者《しちょうしゃ》や新聞や本の読者は、たいていの場合《ばあい》はこれに気づかない。間違《まちが》いを信《しん》じ込《こ》んでしまう。誤《あやま》った世界観《せかいかん》を持ってしまう。そうするととても困《こま》ったことになる。

メディアは間《ま》違《ちが》える

「松本《まつもと》サリン事件《じけん》」が起きたのは今から十二年前（一九九四年）だ。だからあなたが、この事件《じけん》について知らなくても不思議《ふしぎ》はない。でもこの事件《じけん》は、これから僕《ぼく》が書くこの本のテーマに、とても重要《じゅうよう》な関《かか》わりがある。

一九九四年六月二十七日の夕方から翌日《よくじつ》六月二十八日の早朝にかけて、長野県松本《まつもと》市《し》の住宅街《じゅうたくがい》で、ナチスドイツが軍事用《ぐんじよう》に開発した猛毒《もうどく》ガスであるサリンが、何者かによって散布《さんぷ》され、七人が死亡《しぼう》するという大事件《だいじけん》が起きた。

当然《とうぜん》のことだけど、日本社会は大きな衝撃《しょうげき》を受けた。一日も早く犯《はん》人《にん》を見つけて逮捕《たいほ》しなくてはならない。そんなプレッシャーに焦《あせ》った長野県警《ながのけんけい》は、被害者《ひがいしゃ》のひとりである河野義行《こうのよしゆき》さんを重要参考人《じゅうようさんこうにん》とした。重要参考人《じゅうようさんこうにん》の意味は、「おそらく犯人《はんにん》と思われる人」だ。理由は彼《かれ》が

第一通報者《だいいちつうほうしゃ》だったことと、自宅《じたく》に大量《たいりょう》の薬物が保管《ほかん》されていたからだ。

事件《じけん》発生の翌日《よくじつ》、長野《ながの》県警捜査《けんけいそうさ》一課長《かちょう》は記者会見で、「第一通報者《だいいちつうほうしゃ》を殺人容疑《さつじんようぎ》で家《か》宅捜索《たくそうさく》した」と発表する。これを聞いたテレビや新聞は一斉《いっせい》に、河野《こうの》さんが犯人《はんにん》であるかのような報道《ほうどう》を始めた。

たとえば六月二十九日の朝日新聞の見出しは、こう書かれている。

「会社員宅《たく》から薬品押収《おうしゅう》、農薬調合に失敗《しっぱい》か　松本《まつもと》ガス中毒《ちゅうどく》」

毎日新聞はもう少し具体的《ぐたいてき》だ。

「第一通報者宅《だいいちつうほうしゃたく》を家宅捜索《かたくそうさく》　「調合、間違《まちが》えた」救急隊《きゅうきゅうたい》に話す――松本《まつもと》のガス中毒死《ちゅうどくし》」

どちらも一面で大きな見出しだ。これを読めば誰《だれ》だって、この第一通報者《だいいちつうほうしゃ》の会社員、つまり河野《こうの》さんが、毒《どく》ガスを作ったと思うだろう。新聞だけじゃない。テレビも当然《とうぜん》のようにトップニュースだ。内容《ないよう》はやっぱり、河野《こうの》さんが犯人《はんにん》であるかのような報道《ほうどう》だった。

複数《ふくすう》のメディアが、サリンで被害《ひがい》を受けた河野《こうの》さんが病院に運ばれる際《さい》に、「自宅《じたく》で除草剤を作ろうとして調合に失敗した」と話していたと報道した。もちろん本当は犯人じゃない河野さんが、そんなことは言うはずはない。それに少し調べさえすれば、農薬や除草剤の材料からサリンなど作れないことはすぐわかる。でもメディアはそんな最低限の検証すらしなかった。河野さんを「毒ガス男」と呼び、『毒ガス事件発生源の怪奇家系図』という見出しの記事で、河野家の家系図を掲載した週刊誌もあった。

いくら何でもこれはひどい。

結局河野さんが犯人であるかのような記事は、オウム真理教という宗教団体の信者たちがサリンを撒いた真犯人であると判明する翌年まで、およそ半年間にわたって続いた。そのあいだ河野さんは、メディアによって河野さんが犯人だと思い込んだたくさんの見知らぬ人たちから、嫌がらせの電話や脅迫まで されながら、自分は無罪であると必死に訴えていた。

本当は潔白な人が犯罪の容疑をかけられることを「冤罪」という。

実のところは珍《めずら》しいことじゃない。なぜなら警察《けいさつ》や検察《けんさつ》などの捜査機関《そうさきかん》は「人」だからだ。確《たし》かに彼《かれ》らは捜査《そうさ》のプロだけど、人であるかぎりは、必《かなら》ず過《あやま》ちを犯《おか》す。

そしてメディアも、捜査機関《そうさきかん》以上《いじょう》に過《あやま》ちを犯《おか》す。河野《こうの》さんの場合《ばあい》は、たまたま真犯人《しんはんにん》が見つかったから良《よ》かったけれど、世の中には、同じようなケースで犯罪者《はんざいしゃ》とされてしまった人はたくさんいる。

警察《けいさつ》は間違《まちが》える。なぜなら人だから。そしてメディアも間違《まちが》える。やっぱり人だから。

無実《むじつ》の人が死刑《しけい》になる

事件《じけん》から二年後、河野《こうの》さんはこんなことを言っている。

……マスコミが〝河野《こうの》が犯人《はんにん》である〟との予断《よだん》、結論《けつろん》というものを先にもち、それを補強《ほきょう》する材料《ざいりょう》を探《さが》してつけていく。そして、誰《だれ》もが〝河野《こうの》が犯人《はんにん》である〟

と思うような記事をつくっていく。こういうパターンは昔から変《かわ》っていない手法《しゅほう》だと思います。

いつの間にか、いろんな新聞や週刊誌《しゅうかんし》を見ている人が、〝犯人《はんにん》はこいつしかいないんだ〟という確信《かくしん》をもってしまうようになります。そして、会ったこともない人が〝あいつが犯人《はんにん》だ〟〝警察《けいさつ》はなんで逮捕《たいほ》しないんだ〟というような世論《よろん》ができあがっていきます。

この世論《よろん》が、まさに冤罪《えんざい》をつくる要素《ようそ》の一つなのです。この事件《じけん》で、私《わたし》がことあるごとに訴《うった》えてきたことは、冤罪《えんざい》の加担者《かたんしゃ》にならないでほしい、ということです。マスコミはすべて事実の報道《ほうどう》をしているわけではない。情報《じょうほう》操作《そうさ》された報道《ほうどう》もたくさんあります。そういうことをふまえて、自分で判断《はんだん》して読んでほしいと思います。そうしないと、報道被《ほうどうひ》害《がい》というものが起こってくるのです。

(『松本《まつもと》サリン事件《じけん》の罪《つみ》と罰《ばつ》』河野《こうの》義行《よしゆき》/浅野《あさの》健一《けんいち》著《ちょ》、第三文明社、一九九六年)

河野《こうの》さんのケースは、実は特別《とくべつ》なことじゃない。僕《ぼく》らが気づいていないだけで、冤罪《えんざい》で苦しんでいる人は、他《ほか》にもおおぜいいるかもしれない。

警察出身《けいさつしゅつしん》で代議士《だいぎし》になった亀井静香衆院議員《かめいしずかしゅういんぎいん》は、「死刑廃止《しけいはいし》を推進《すいしん》する議員連盟《ぎいんれんめい》」の会長だ。たぶんあなたもテレビでこの人を見たことがあるはずだ。一見怖《こわ》そう。でも話すと意外と愛嬌《あいきょう》のある人だ。とてもコワモテな政治家《せいじか》のイメージがある彼《かれ》が、なぜ死刑廃止《しけいはいし》を訴《うった》えるのか、不思議《ふしぎ》に思った僕《ぼく》は、理由を直接《ちょくせつ》聞いたことがある。

「議員《ぎいん》になる前、私《わたし》は警察《けいさつ》に十五年ほどいましたから」

亀井議員《かめいぎいん》は言った。

「だから冤罪《えんざい》がとても多いことを、身をもって知っています。無実《むじつ》の人を死刑《しけい》にしてしまって、後から間違《まちが》いでしたでは取り返しがつきません。これがまず、私《わたし》が死刑《しけい》に反対するひとつの理由です」

死刑廃止運動《しけいはいしうんどう》を始めてから、「あなたは悪い人の味方をするのか」と亀井議員《かめいぎいん》はよく批判《ひはん》されるそうだ。でも現実《げんじつ》には、誰《だれ》が正しくて誰《だれ》が悪いかなんて、そう簡単《かんたん》にはわからない。死刑制度《しけいせいど》については、これとは別《べつ》に一冊《さつ》の本を書きたいくらい、あなたに考えてもらいたいことがあるけれど、今は死刑《しけい》の話ではなく冤罪《えんざい》の話だ。もしも警《けい》察《さつ》が間違《まちが》えたら、メディアがそれを訂正《ていせい》すればいい。理屈《りくつ》はそうだ。でも実際《じっさい》には、なかなかそうはいかない。

松本《まつもと》サリン事件《じけん》のときには、もしも真犯人《しんはんにん》が現《あらわ》れなかったら、河野《こうの》さんはずっとメディアによって犯人《はんにん》だとされていたかもしれない。確《たし》かに最初《さいしょ》に間違《まちが》えたのは警察《けいさつ》だ。でも警察《けいさつ》の発表を信《しん》じ込《こ》んで、その間違《まちが》いを日本中《にほんじゅう》に広めたのはメディアだ。

もうひとつだけ例を挙げよう。

二〇〇四年の八月、栃木《とちぎ》県《けん》に暮《く》らす一人の男性《だんせい》が、宇都宮東署《うつのみやひがししょ》に暴《ぼう》行《こう》の容疑《ようぎ》で逮捕《たいほ》された。取り調べの際《さい》にこの男性《だんせい》は、同年四月と五月に宇都宮市内《うつのみやしない》で起きた二件《けん》の強盗事件《ごうとうじけん》の真犯人《しんはんにん》であることを自供《じきょう》したとして、裁判《さいばん》で懲役《ちょうえき》七年を求刑《きゅうけい》された。

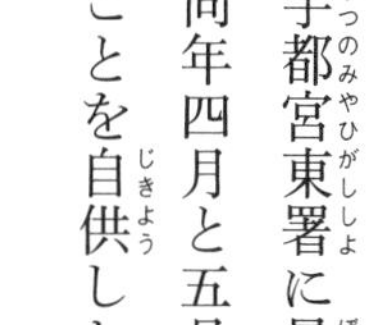

ところが翌年《よくねん》の二月、別《べつ》の事件《じけん》で逮捕《たいほ》された男性《だんせい》が、二つの強盗事件《ごうとうじけん》についても自分が真犯人《しんはんにん》であることを自供《じきょう》して、最初《さいしょ》の男性《だんせい》は誤認逮捕《ごにんたいほ》（間違《まちが》えて逮捕《たいほ》されること）であることが明らかになった。

どうしてこんな間違《まちが》いが起きたのかといえば、男性《だんせい》が重度の知的障害者《ちてきしょうがいしゃ》だったからだ。取り調べの際《さい》に、男性《だんせい》は犯行現場《はんこうげんば》の正確《せいかく》な見取り図を書いた。これが、男性《だんせい》が犯《はん》人《にん》であるという証拠《しょうこ》のひとつになったのだけど、その後の調査《ちょうさ》で、この見取り図は捜《そう》査官《さかん》が鉛筆《えんぴつ》で薄《うす》く書いた跡《あと》を、男性《だんせい》にペンでなぞらせたものであることなどが明らかになった。ひどい話だ。でもこんなことは実は珍《めずら》しくない。男性《だんせい》は法廷《ほうてい》で、やってもいない犯行《はんこう》をやったかのように自供《じきょう》した理由として、「取り調べ調書《ちょうしょ》に署名《しょめい》しなければ、警察署《けいさつしょ》から出られないと言われた」というようなことを証言《しょうげん》している。

河野《こうの》さんの場合《ばあい》も、この男性《だんせい》の場合《ばあい》も、たまたま真犯人《しんはんにん》がわかったから、実は潔白《けつぱく》であることが明らかになった。もしも真犯人《しんはんにん》が見つからなかったら、二人とも今頃《いまごろ》は、拘置所《こうちしょ》や刑務所《けいむしょ》にいるかもしれない。

警察《けいさつ》はこんなに間違《まちが》える。あるいは間違《まちが》いを隠《かく》そうとして、誰《だれ》かを罪《つみ》に陥《おとしい》れるときがある。検察官《けんさつかん》や弁護士《べんごし》だって間違《まちが》える。裁判官《さいばんかん》だって間違《まちが》える。そしてこれを伝《つた》えるメディアも間違《まちが》える。それを見たり聞いたりしたあなたも、当然《とうぜん》ながら間違《まちが》える。

つまりメディアはあなたと同じ。時々思《おも》い込《こ》む。時々間違《まちが》える。でも間違《まちが》えるばかりでもない。栃木県《とちぎけん》の誤認逮捕《ごにんたいほ》のときは、彼《かれ》が実は無罪《むざい》であることが明白《めいはく》になってから、地元の下野新聞《しもつけしんぶん》は、なぜこんなことが起きたのかを一生懸命調査《いっしょうけんめいちょうさ》して、とても大きく報道《ほうどう》した。これもまたメディア。まずそこまでは知ってほしい。

間違《まちが》いを信《しん》じないために

僕《ぼく》たちの世界観《せかいかん》は、メディアによって作られる。だからメディアはとても大切だ。でもメディアは時おり間違《まちが》える。そしてその間違《まちが》えたメディアを読んだり見たり聞いたりした人たちは、とても簡単《かんたん》にそれ

を信《しん》じ込《こ》む。つまり間違《まちが》った世界観《せかいかん》が、この世界に溢《あふ》れてしまう。それは困《こま》る。メディアにはその危険性《きけんせい》がある。

ならばどうすればよいのだろう。メディアが間違《まちが》えないようにすればいいのだけど、でもそれはさっきも言ったように無理《むり》だ。どんなに細心の注意を払《はら》っても、人は必《かなら》ず間違《まちが》える。ならばどうすればよい？　考えよう。制限時間《せいげんじかん》は三十秒。

考えた？　わからない？　だめだ。もう少し考えよう。あと二十秒。

やっぱりわからない？　オーケー。答えが出るかどうかより、考えることが大切だ。というか実は、正解《せいかい》は僕《ぼく》にもわからない。人はよく間違《まちが》いを犯《おか》す。もちろん僕《ぼく》も失《しっ》敗《ぱい》や間違《まちが》いばかりだ。だから正解《せいかい》なんてわからない。もしもこの世界が、算数の足し

算や引き算のように単純《たんじゅん》にできているのなら、２＋３＝５のように僕《ぼく》も自信《じしん》をもって正解《せいかい》をあなたに伝《つた》えられるけれど、残念《ざんねん》ながらというか幸運にもというか、この世界はそんなに単純《たんじゅん》にはできていない。だから僕《ぼく》もしょっちゅう間違《まちが》える。

でも僕《ぼく》は、少なくともあなたより経験《けいけん》は多い。失敗《しっぱい》の数も多いから後悔《こうかい》した数も多い。だから正解《せいかい》かどうかはわからないけれど、あなたにアドバイスはできる。そう思って聞いてほしい。


メディアに完璧《かんぺき》を要求《ようきゅう》することが無理《むり》ならば、僕《ぼく》らがメディアについて知ればよい。メディアの仕組みについて知れば、少なくとも簡単《かんたん》に間違《まちが》いを信《しん》じてしまうことはなくなるはずだ。僕《ぼく》はそう思う。あなたは？　反論《はんろん》はない？　オーケー。じゃあ進めよう。

間違《まちが》った世界観《せかいかん》を持たないために、世界をきちんと知るために、媒《ばい》

介《かい》となるメディアを知ること。知ってメディアを上手《じょうず》に使うこと。これをメディア・リテラシーという。リテラシーの意味？　それは次の章で話そう。

第2章

メディア・リテラシー、誰《だれ》のために必要《ひつよう》なの？

メディアは怖《こわ》い。なぜなら使い方を誤《あやま》ると、たくさんの人が死ぬ。メディアの情報《じょうほう》を何の疑《うたが》いもなくそのまま受け入れてしまうと、人を殺《ころ》し、そして自分も殺《ころ》されることになる状況《じょうきょう》を呼《よ》び寄《よ》せてしまう可能性《かのうせい》がある。そこまで人間は愚《おろ》かじゃないって？　でもそれは、歴史《れきし》が証明《しょうめい》していることだ。

メディアへの接《せつ》しかた

正しい世界観《せかいかん》を身につけるためには、メディア・リテラシーが必要《ひつよう》になる。メディアの意味は、第一章で説明《せつめい》した。「媒介《ばいかい》」。つまりテレビやラジオ、新聞や本。リテラシーの意味は「識字《しきじ》」。わかる？　つまり、字を読んだり書いたりする能力《のうりょく》のこと。この二つの言葉を合わせたメディア・リテラシーの意味は、「メディアを批《ひ》判的《はんてき》に読《よ》み解《と》く」とか、「メディアを主体的《しゅたいてき》に受け取る」という意味になる。

「批《ひ》判的《はんてき》に読み解《と》く」の意味は、何でもかんでも信《しん》じ込《こ》まないで、いろんな視点《してん》から考えること。

「主体的《しゅたいてき》に受け取る」の意味は、情報《じょうほう》をそのまま受け取るだけじゃなくて、いろんな推理《すいり》や想像力《そうぞうりょく》を働《はたら》かせること。つまりぱくりと呑《の》みこむだけじゃなくて、しっかりと噛《か》むこと。味をよく分析《ぶんせき》すること。

いろんな視点《してん》から考え、想像力《そうぞうりょく》を働《はたら》かせるためには、メディアが間違《まちが》える構造《こうぞう》を知ればよい。一方的《いっぽうてき》に情報《じょうほう》を与《あた》えられるだけでなく、メディアの仕組みを知ることで、情報《じょうほう》の足りないところや余計《よけい》なところを考えたり想像《そうぞう》したりすることができる。具体《ぐたい》的《てき》に何が足りなくて何が余計《よけい》なのかを知ることはできなくとも、足りなかったり余計《よけい》だったりする可能性《かのうせい》があることを知りながらメディアに接《せっ》すれば、間違《まちが》った世界観《せかいかん》を持ってしまう危険性《きけんせい》はかなり少なくなる。

つまりメディア・リテラシーは、あなたが正しい世界観《せかいかん》を持つために、メディアを有効《ゆうこう》に活用するためのメソッド（方法《ほうほう》）だ。

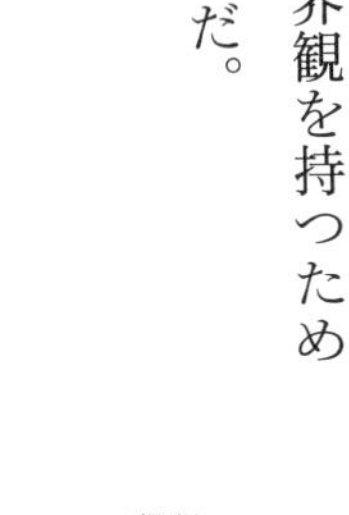

「何となく」の副作用《ふくさよう》

ここまで読んだところで、「あれ？　ちょっと変《へん》だな」ともし思いついたなら、あなたは相当に優秀《ゆうしゅう》だ。そう。リテラシーの意味は、「字を読んだり書いたりする能力《のうりょく》のこと」と僕《ぼく》は書いた。でもメディアには、新聞や本以外《いがい》にも、テレビやラジオなどがある。わかるかな？　読み書きだけじゃないよね。テレビは見るものだし、ラジオは聴《き》くものだ。でもリテラシーの意味は識字《しきじ》。映像《えいぞう》を見たり音声を聴《き》いたりするという要素《ようそ》が消えている。なぜだろう。

この疑問《ぎもん》の答えは、とても重要《じゅうよう》なことに結《むす》びついている。でもその説明《せつめい》については、少しだけ後にしよう。その前に、メディアの危険性《きけんせい》について、もう少し話しておきたい。

メディアは、僕《ぼく》らが間違《まちが》った世界観《せかいかん》を持ってしまう危険性《きけんせい》をはらんでいる。新聞も書籍《しょせき》もテレビも、その可能性《かのうせい》がある。河野《こうの》さんの事件《じけん》のときには、テレビも新聞も雑《ざっ》誌《し》も、すべてが河野《こうの》さんを犯人《はんにん》だと断定《だんてい》した。だからこの事件《じけん》は、メディア・リテラシーが必要《ひつよう》な事例《じれい》としてよくあげられる。

メディアの仕組みは基本的《きほんてき》に同じだけど、特《とく》にテレビは、新聞や雑誌《ざっし》などの活字メディアに比《くら》べれば、メディア・リテラシーが必要《ひつよう》なジャンルだと言われている。その理由をこれから説明《せつめい》しよう。

その前にひとつ質問《しつもん》。あなたは一日何時間テレビを観《み》る？

ＮＨＫ放送文化研究所が二〇〇六年六月に実施《じっし》した調査《ちょうさ》によると、全国の七歳以上《さいいじょう》の人が一日にテレビを観《み》る時間の平均《へいきん》は三時間四十三

分。起きている時間のうち、ほぼ四分の一はテレビを観《み》ている計算になる。もちろん平均《へいきん》だから、観《み》る人はもっと観《み》る。起きている時間のうち半分以上《いじょう》は、テレビを観《み》ているという人も多いはずだ。

一日に新聞を四時間読む人はそういない。本だって毎日四時間読むのは大変《たいへん》だ。まあ実際《じっさい》には、ただ何となくついている時間も、この三時間四十三分のうちには含《ふく》まれている。テレビはこの、「ただ何となく」ができるメディアだ。家族や友人たちとおしゃべりをしながら見ることができる。新聞や雑誌《ざつし》はそうはいかない（忙《いそが》しいお父さんは、朝食をとりながら新聞を読むかもしれないけれど）。でもその「ただ何となく」でも、テレビの影響力《えいきょうりょく》はとても強い。

たとえばグルメ番組。何となく観《み》ているうちに、番組で紹介《しょうかい》されたラーメンとか回転寿司《かいてんずし》とか、猛然《もうぜん》と食べたくなったという体験《たいけん》はあなたにもあるだろう。僕《ぼく》の知り合いの大学の先生は、街《まち》でよく知らない人に、「何やってるのよ、こんなところで？」と話しかけられることがあると言っていた。話しかけてきた人は、テレビで彼《かれ》を何度も見ているから、まるで昔からの知り合いのような気分になっているのだろう。

テレビの正式名称《めいしょう》はテレビジョン。tele（遠く）とvision（見る）の合成語《ごうせいご》だ。遠くのものを見る。遠くばかりを見ているうちに、距離感《きょりかん》がわからなくなる。遠くなのにすぐ近くのように錯覚《さっかく》してしまう。だから他人も何となく知人のような感覚《かんかく》になる。それがテレビ。

要《よう》するにいつも目に望遠《ぼうえん》レンズを嵌《は》めているようなものだ。確《たし》かに遠くの景色《けしき》はよく見えるけれど、あまり夢中《むちゅう》になると足もとの小石につまずいてしまう。これがテレビ。とても便利《べんり》だけど、でも影響力《えいきょうりょく》があまりに強いから、副作用《ふくさよう》もたくさんある。

テレビが特別《とくべつ》なワケ

一般的《いっぱんてき》な日本人が、とても長い時間テレビを見ていることはわかった。次は数。どのくらいの数の人がテレビを見ているのだろう。

視聴率《しちょうりつ》という言葉を、あなたも聞いたことがあると思う。テレビの視聴率《しちょうりつ》は、現在《げんざい》は全国二十七地区で調査《ちょうさ》されている。関東《かんとう》地区と関西《かんさい》地区、そして名古屋地区は六百世帯《せたい》、それ以外《いがい》の地区は、二百世帯《せたい》が調査《ちょうさ》の対象《たいしょう》とされている。

たとえば視聴率《しちょうりつ》一パーセントは、関東《かんとう》地区において十六万七千世帯《せたい》が見たという計算になる。これは個人視聴率《こじんしちょうりつ》では、三十九万七千九百四十人を意味する。視聴率《しちょうりつ》二十パーセントの番組は、関東《かんとう》地方だけでも八百万人近い人が見たことになる。

関東《かんとう》地方の人口は日本全体のおよそ三分の一。ならば全国ネットの番組で視聴率《しちょうりつ》二十パーセントは、日本全体で二千四百万人の人が見たという計算になる。

二千四百万人。もの凄《すご》い数だ。メディアは他《ほか》にたくさんあるけれど、少なくともマーケット（市場。情報《じょうほう》を受け取る人の数）に関《かん》するかぎり、テレビの規模《きぼ》は圧倒的《あっとうてき》に他《ほか》のメディアを引き離《ひはな》している。まったく別《べつ》のメディアと言《い》い換《か》えてもいいくらいだ。たとえば本の場合《ばあい》、もしも百万部売れたら大ベストセラーだ。でもこれもテレビの二十パーセントの二十四分の一。しかも百万部なんて本の場合《ばあい》は年に一回か二回くらいだけど、テレビは毎日だ。あるいは新聞の場合《ばあい》、世界一の発行部数といわれる読売新聞《よみうりしんぶん》でも一千万部だ。

テレビは視聴《しちょう》する人の数が多くて、しかも見る時間が長い。要《よう》するにマーケットが圧倒的《あっとうてき》に大きい。それはわかったね。でもそれだけじゃない。テレビの影響力《えいきょうりょく》が強い最大《さいだい》の理由は、テレビが映像《えいぞう》であることだ。

映像《えいぞう》の情報量《じょうほうりょう》は、活字に比《くら》べれば比較《ひかく》にならないくらいにとても多い。たとえば今あなたは、ある家族の日常《にちじょう》をテーマにしたドキュメンタリー番組をテレビで観《み》ているとする。家族全員がリビングに集まって夕食を食べているシーンだ。画面の中にはお父さんとお母さんがいる。子供《こども》たちもいる。おじいさんやおばあさんもいるかもしれない。家族は次の日曜日に行われる子供《こども》の運動会のことを話題にしながら、楽しそうにすき

焼《や》きを食べている。時間にすれば三十秒ほどだ。

たったこれだけのシーンだけど、とてもたくさんの情報《じょうほう》が含《ふく》まれている。まずは会話によって展開《てんかい》するストーリー。これは普通《ふつう》の見方。でも画面に登場するおじいちゃんやおばあちゃんと近い世代なら、見ながらふと、「おやおや、あんな固《かた》そうなお漬《つ》け物《もの》を、あのおじいちゃんはよくパリパリと食べられるなあ」と思うかもしれない。肉が最高級《さいこうきゅう》の松阪牛《まつさかぎゅう》であることに気づく人もいるかもしれない。あるいは陶器《とうき》に興味《きょうみ》がある人は、使われている茶碗《ちゃわん》や皿に発見があるかもしれない。インテリアを仕事にしている人ならば、リビングの内装《ないそう》に興味《きょうみ》を持つかもしれない。あるいはBGMに使われた音楽に、心を奪《うば》われる人だっているかもしれない。

視点《してん》を少しだけ変《か》えれば、画面に隠《かく》されているいろいろな情報《じょうほう》が現《あらわ》れる。活字メディアの場合《ばあい》、情報《じょうほう》として呈示《ていじ》できるのは会話と、多少の状況《じょうきょう》の描写《びょうしゃ》くらいだ。おじいちゃんの着ている服のデザインや色、すき焼《や》き以外《いがい》に食卓《しょくたく》に乗っている料理《りょうり》、部《へ》屋《や》の家具や調度品の描写《びょうしゃ》までは普通《ふつう》はしない。そこまで書《か》き込《こ》むと大変《たいへん》なことになる。

でも映像《えいぞう》は一瞬《いっしゅん》でそれができる。

あなたはメールをやる？　もしやるのなら、携帯派《けいたいは》かな。それともパソコン派《は》かな。もしやるのなら知っているよね。文字に比《くら》べれば、写真や動画は簡単《かんたん》には送れない。むちゃくちゃ重い。なぜなら映像《えいぞう》には情報《じょうほう》がぎっしりと詰《つ》まっているからだ。

つまりテレビは、情報量《じょうほうりょう》が多い分、とにかく圧倒的《あっとうてき》な影響力《えいきょうりょく》を持っている。ならばテレビは、いつ歴史《れきし》に登場したのだろう？　そして当時の人々の世界観《せかいかん》に、どんな影《えい》響《きょう》を与《あた》えたのだろう？

「読み書き」と「見る」「聴《き》く」

それを考える前に、もう一度さっきの疑問《ぎもん》に戻《もど》ろう。覚《おぼ》えている？

リテラシーという言葉の意味だ。識字《しきじ》だったね。つまり読み書き。テレビやラジオがあるのに、なぜリテラシーには、「見る」や「聴《き》く」がないのだろう？ わかるかな。答えはとても単純《たんじゅん》。これまでの話の中に、少しだけヒントがあるよ。やっぱり難《むずか》しいかな。きっと誰《だれ》もが、「なーんだ、そんなことか」と言いたくなるような答えなのだけど。考えよう。時間は無制限《むせいげん》。

今回は答えを簡単《かんたん》には教えない。少し考えよう。実はこの「考える」ことも、リテラシーにとってはとても大事な要素《ようそ》だ。

わからない？ 難《むずか》しいか？ オーケー。じゃあ答えを言おう。でも約束《やくそく》してほしいのだけど、答えを聞いたら、「なーんだ」と言うのはナシだよ。

テレビやラジオは、とても新しいメディアなのだ。

ね、「なーんだ」と思うだろう。でもこれが答《こた》え。文字の歴史《れきし》はとても古い。テレビやラジオとは比《くら》べものにならない。

紀元前《きげんぜん》三三〇〇年頃《ごろ》のメソポタミア文明の遺跡《いせき》に、絵文字を刻《きざ》んだ粘土板《ねんどばん》が発掘《はっくつ》されている。同じ頃《ころ》の中国にも、文字らしきものはあったようだ。紀元前《きげんぜん》三〇〇〇年頃《ごろ》のエジプトでは、ヒエログリフと呼《よ》ばれる象形文字《しょうけいもじ》が使われていた。

今のところこのあたりが、世界最古《せかいさいこ》の文字と呼《よ》ばれている。でも遺《い》跡《せき》が見つかっていないだけで、文字の発祥《はっしょう》はもっと古いかもしれない。とにかく文字の歴史《れきし》は、人類《じんるい》の文明が発祥《はっしょう》する頃《ころ》とほぼ同時期と思ってよい。

文明の発祥《はっしょう》とともにあった文字は、やがて大きな転機《てんき》を迎《むか》える。十

五世紀《せいき》、ドイツのグーテンベルクが活版印刷《かつぱんいんさつ》の技術《ぎじゅつ》を発明した。ルネサンスの三大発明のひとつだ（ただし十一世紀《せいき》の中国でも、すでに活字を並《なら》べた組版《くみはん》による印刷《いんさつ》は行われていたようだ）。いずれにせよ活版印刷《かつぱんいんさつ》は、とても重要《じゅうよう》な発明だった。なぜならこの技術《ぎじゅつ》によって、それまではごく一部の特権階級《とっけんかいきゅう》の独占物《どくせんぶつ》だった書籍《しょせき》が、広く普及《ふきゅう》するようになったからだ。世界で初《はじ》めての新聞が刷《す》られたのもこの頃《ころ》だ。

もちろんこの時代、テレビやラジオは歴史《れきし》に登場していない。つまり当時の人たちにとってメディアとは、書いたものを読むものだった。だからリテラシーの意味は、「読み書き能力《のうりょく》」で充分《じゅうぶん》だったのだ。

メディアの歴史《れきし》の大変化《だいへんか》

ところがそのメディアの歴史《れきし》が、十九世紀末《せいきまつ》に大きく変《か》わる。一八九五年、シネマトグラフという映写装置《えいしゃそうち》を発明したリュミエール兄弟が、パリで初《はじ》めての映画《えいが》を上映《じょうえい》する。映画《えいが》といっても、兄弟が経営《けいえい》する工場の様子などの短い映像《えいぞう》ばかりだったけれど、会場に足を運んだ人たちにとっては、スクリーンに映《うつ》る光景《こうけい》は信《しん》じられないものだった。

このとき、汽車がカメラに（つまり観客席《かんきゃくせき》に）向かって走ってくるシーンでは、ほとんどの観客《かんきゃく》が大あわてで会場から逃《に》げだしたというエピソードがある。コントのようだけど、でも考えたら当たり前だ。もしあなたが生まれて初《はじ》めて映像《えいぞう》を観《み》たとしたら、やっぱり同じようにあわてるはずだ。

この上映会《じょうえいかい》は大きな話題となって、シネマトグラフは世界中《せかいじゅう》に普及《ふきゅう》した。日本だって例外《れいがい》じゃない。リュミエール兄弟が初《はじ》めて映画《えいが》を上映《じょうえい》してからたった二年後に、浅草《あさくさ》の劇場《げきじょう》では「活動写真」というネーミングで、シネマトグラフの上映《じょうえい》が行われていたほどだ。飛行機《ひこうき》などない時代だというのに、むちゃくちゃ早い。それほどに映画《えいが》は、大きな評判《ひょうばん》になったのだ。

こうして映画《えいが》は、庶民《しょみん》の新しい娯楽《ごらく》として定着する。ラジオが誕生《たんじょう》したのは、映画《えいが》より少し遅《おく》れて一九二〇年。アメリカのピッツバーグで、初《はじ》めての実験放送《じっけんほうそう》が行われた。これもまた、あっというまに世界中《せかいじゅう》の話題となり、日本ではやはり二年後に実験《じっけん》放送《ほうそう》が行われ、ＮＨＫの前身である東京放送局が開局したのは、その三年後の一九二五年。

つまり映像《えいぞう》（映画《えいが》）と通信《つうしん》（ラジオ）という二つの媒体《ばいたい》は、一九二〇年代後半には、ほぼ世界中《せかいじゅう》に広がっていた。なぜ当時の人たちが、これほどに映画《えいが》とラジオに大きく反応《はんのう》したのか、その理由はわかるかな。

わからない？　じゃあヒントを出そう。

ヒント①二十世紀《せいき》初頭《しょとう》までは、書籍《しょせき》や新聞などの活版印刷《かっぱんいんさつ》が唯一《ゆいいつ》のマスメディアだった。

ヒント②当時の世界の教育《きょういく》水準《すいじゅん》を考えよう。

どうかな。わかった人はいるかな。もしもあなたがわかったなら、ここから先は答え合わせのつもりで読んでほしい。

リテラシー不要《ふよう》のメディア

十九世紀《せいき》末《まつ》から二十世紀《せいき》初頭《しょとう》にかけての時代、義務教育制度《ぎむきょういくせいど》は、まだほとんどの国で定着していなかった。つまりこの時代までは、文字を読めるような高等教育を受けた人は、ほんの一握《ひとにぎ》りであることが普《ふ》通《つう》だった。だからこそ書籍《しょせき》や新聞は、活版印刷技術《かっぱんいんさつぎじゅつ》が普及《ふきゅう》したとして

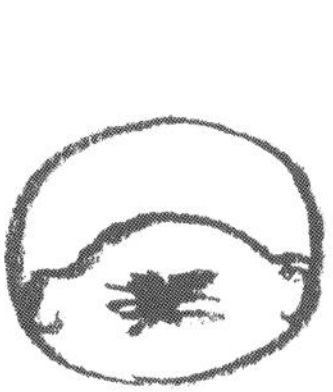

も、実はインテリ階層《かいそう》のものだった。つまり、その時代に生きる誰《だれ》もが情報《じょうほう》を共有《きょうゆう》することができるという意味でのマスメディアは、まだ誕生《たんじょう》していなかったのだ。

ところが映画《えいが》とラジオは、字を読めない人でもわかる。字を知らなくても、映像《えいぞう》を観《み》ることはできるし、ラジオのアナウンサーがしゃべることを聞くことはできる。リテラシー（読み書き能力《のうりょく》）を必要《ひつよう》としない。誰《だれ》もが楽しめる。誰《だれ》もが理解《りかい》できる。

だから映画《えいが》とラジオは、初《はじ》めての文字通りのマスメディアとして、世界中《せかいじゅう》に広がった。その驚《おどろ》きと影響力《えいきょうりょく》は、ルネサンス時の活版印刷技術《かっぱんいんさつぎじゅつ》の発明どころの騒《さわ》ぎじゃない。

そしてその結果《けっか》、世界は画期的《かっきてき》に変《か》わる。

もちろん良《よ》いことはたくさんある。でも悪いこともある。そのひとつが、ファシズム（全体主義《ぜんたいしゅぎ》）という政治体制《せいじたいせい》が歴史《れきし》に現《あらわ》れたことだ。

ファシズムと『星の王子さま』

映画《えいが》とラジオが世界中《せかいじゅう》に広がりつつある一九二〇年から三〇年代にかけて、世界はとても緊迫《きんぱく》した状況《じょうきょう》を迎《むか》えかけていた。イタリアとドイツ、そして日本という遠く離《はな》れた三つの国で、同時《どうじ》多《た》発的《はってき》にファシズム（全体主義《ぜんたいしゅぎ》）が生まれ、周辺《しゅうへん》の国を脅威《きょうい》に陥《おとしい》れていたからだ。

あなたも読んだことがあるかもしれないけど、有名なある物語《ものがたり》の一部を引用しよう。

さて、王子さまの星には、おそろしい種《たね》がありました……。バオバブの種《たね》がありました。そして、星の地面は、その種《たね》の毒気《どっき》にあてられていました。バオバブというものは、早く追いはらわないと、もう、どうしても、根だやしするわけにゆかなくなるものです。星の上いちめんに、はびこります。その根で、星を突《つ》き通します。星が小さすぎて、バオバブがあまりたくさんありすぎると、そのために、星が破裂《はれつ》してしまいます。

王子さまは、もっとあとになって、ぼくにこういいました。

「きちょうめんにやればいいことだよ。朝のおけしょうがすんだら、念入りに、星のおけしょうしなくちゃいけない。バオバブの小さいのは、バラの木とそっくりなんだから、見わけがつくようになったら、さっそく、一つのこさず、ひっこぬかなけりゃいけない。とてもめんどくさい仕事だけど、なに、ぞうさもないよ」

ある日、王子さまは、フランスの子どもたちが、このことをよく頭にいれておくように、ふんぱつして、一つ、りっぱな絵をかかないかとぼくにすすめました。

「きみの国の子どもたちが、いつか旅行するとき、役にたつかもしれないからね。仕事をあとにのばしたからといって、さしつかえのないこともあるさ。だけど、バオバブはほうり出しておくと、きっと、とんださいなんになるんだ。ぼくは、なまけものがひとり住んでた星を知っているけどね。その人は、まだ小さいからといって、バオバブの木を三本ほうりっぱなしにしておいたものだから……」

ぼくは、王子さまに教えてもらって、その星の絵をかきました。口はばったいことをいうのは、ぼく、きらいです。しかし、バオバブのけんのんなことは、ほとんど知られていませんし、星の世界で道に迷《まよ》うような人がいたら、その人はとても大きい危険《きけん》に出くわすことになります。ですから、ぼくは、一度だけ日ごろのえんりょをぬきにしてこういいましょう。〈おーい、みんな、バオバブに気をつけるんだぞ！〉

（『星の王子さま』サン＝テグジュペリ作／内藤《ないとう》濯《あろう》訳《やく》／岩波書店刊）

王子の星を壊《こわ》そうとしている三本のバオバブの木は、サン・テグジュペリがこの本を書いた当時、世界を壊《こわ》しかけていたファシズムを表しているといわれている。

第一次世界大戦《だいいちじせかいたいせん》が終わったあと、まるでバオバブの種《たね》が撒《ま》き散《ち》らされたかのように、世界のあちこちでファシズムが発芽《はつが》した。スペインや南米諸国《なんべいしょこく》、東欧《とうおう》にも生まれたけれど、大きな三本の木に成長《せいちょう》したの

は、イタリアとドイツ、そして日本という三つの国だ。この三つは同盟関係《どうめいかんけい》にあった。枢軸国体制《すうじくこくたいせい》とも言われていた。

とここまで書いてから気がついた。あなたはファシズムの意味は知っている？ もう学校で習ったかな。実はこの定義《ていぎ》はとても難《むずか》しい。本気でやろうとしたら、それだけで一冊《さつ》の分厚《ぶあつ》い、しかもとても難解《なんかい》な本になる。だからできるだけ簡単《かんたん》に要約《ようやく》するよ。

ファシズムは全体主義《ぜんたいしゅぎ》、あるいは権威主義《けんいしゅぎ》ともいう。その多くは、議会政治《ぎかいせいじ》を否定《ひてい》して、一党独裁《いっとうどくさい》の形式が多く、市民社会《しみんしゃかい》の自由を極度《きょくど》に抑圧《よくあつ》する。対外的《たいがいてき》には他国への侵略思想《しんりゃくしそう》に結《むす》びつくことが特色《とくしょく》で、指導者《しどうしゃ》に対する絶対的《ぜったいてき》な服従《ふくじゅう》と、反対者に対する過酷《かこく》な弾圧《だんあつ》も、よく見られる傾向《けいこう》だ。

できるだけわかりやすいように要約《ようやく》したけれど、やっぱり難《むずか》しいね。

軍国主義時代《ぐんこくしゅぎじだい》の日本の政治体制《せいじたいせい》は、厳密《げんみつ》なファシズムとは微妙《びみょう》に違《ちが》う

との説《せつ》もある。まあ今のところは、「ハイル　ヒットラー！」と片手《かたて》を挙《あ》げて敬礼《けいれい》をするナチスの将校《しょうこう》たちとか、「バカモノ！　貴様《きさま》は非国民《ひこくみん》になりたいのか！」と叫《さけ》びながら一般《いっぱん》の人を弾圧《だんあつ》する警察《けいさつ》とか、そんなイメージを持ってくれればいい。それだけがファシズムではないけれど、完全《かんぜん》な間違《まちが》いでもない（考えたらこんなイメージも、テレビや映画《えいが》で得《え》たものだね）。

「戦争屋《せんそうや》」の証言《しょうげん》

ファシズムとメディアの関係《かんけい》については、ナチスドイツが典型《てんけい》だ。独裁者《どくさいしゃ》となったアドルフ・ヒトラーの指示《しじ》のもとに、ナチス党《とう》は国民啓蒙《こくみんけいもう》・宣伝省《せんでんしょう》を作り、ヨゼフ・ゲッベルスというジャーナリスト志望《しぼう》だった軍人《ぐんじん》を、その大臣《だいじん》に任命《にんめい》した。メディアを使って、特定《とくてい》の政治的《せいじてき》な思想や考え方を宣伝《せんでん》することをプロパガンダという。映画《えいが》とラジオという新しいメディアを縦横無尽《じゅうおうむじん》に使いながら、ゲッベルスは国民《こくみん》に対して、様々なプロパガンダを行《おこな》った。

その結果《けっか》、第《だい》一次《じ》世界大戦《せかいたいせん》の莫大《ばくだい》な補償《ほしょう》に加《くわ》えて、世界恐慌《せかいきょうこう》の直撃《ちょくげき》で貧苦《ひんく》に喘《あえ》いでいた当時のドイツの国民《こくみん》は、熱狂的《ねっきょうてき》にヒトラーを支持《しじ》し、戦時下体制《せんじかたいせい》への移行《いこう》をあっさりと受け入れていた。


一九四五年、全世界で六千万人という膨大《ぼうだい》な犠牲者《ぎせいしゃ》をだした第二次世界大戦《だいじせかいたいせん》は終了《しゅうりょう》した。ヒトラーやゲッベルスは自殺《じさつ》したけれど、残《のこ》されたナチスドイツの幹部《かんぶ》たちは、連合国側《れんごうこくがわ》が主催《しゅさい》するニュルンベルク裁判《さいばん》で裁《さば》かれた。かつてヒトラーから後継者《こうけいしゃ》の指名を受けていたナチスの最高幹部《さいこうかんぶ》ヘルマン・ゲーリングは、「なぜドイツはあれほどに無謀《むぼう》な戦争《せんそう》を始めたのか」との裁判官《さいばんかん》の問いに、以下《いか》のように答えている。

「もちろん、一般《いっぱん》の国民《こくみん》は戦争《せんそう》を望《のぞ》みません。ソ連《れん》でもイギリスでもアメリカでも、そしてドイツでもそれは同じです。でも指導者《しどうしゃ》にとっ

て、戦争《せんそう》を起こすことはそれほど難《むずか》しくありません。国民《こくみん》にむかって、我々《われわれ》は今、攻《こう》撃《げき》されかけているのだと危機《きき》を煽《あお》り、平和主義者《へいわしゅぎしゃ》に対しては、愛国心《あいこくしん》が欠《か》けていると非難《ひなん》すればよいのです。このやりかたは、どんな国でも有効《ゆうこう》です」

「戦争屋《せんそうや》」とみんなから呼《よ》ばれていたゲーリングは、結局《けっきょく》は死刑判決《しけいはんけつ》を受け、そのあとに拘置所《こうちしょ》で青酸《せいさん》カリを飲んで自殺《じさつ》した。彼《かれ》のこの証言《しょうげん》は、戦争《せんそう》がなぜ起きるかの本《ほん》質《しつ》を、とても的確《てっかく》に表している。

一般《いっぱん》の国民《こくみん》に対しては危機《きき》を煽《あお》り、そして政策《せいさく》に反対する平和主義者《へいわしゅぎしゃ》を非難《ひなん》するためには、媒体《ばいたい》が必要《ひつよう》だ。つまりメディアだ。

暴走《ぼうそう》への潤滑油《じゅんかつゆ》

ナチスは、六百万人といわれる膨大《ぼうだい》な数のユダヤ人を虐殺《ぎゃくさつ》した。いわゆるホロコーストだ。それは歴史的事実《れきしてきじじつ》。でもよく聞いてほしい。一般《いっぱん》のドイツ国民《こくみん》も含《ふく》めて、彼《かれ》らが残虐《ざんぎゃく》だったからそんなことができたわけじゃない。一九三〇年代のドイツに、たまたま残虐《ざんぎゃく》で凶暴《きょうぼう》な国民《こくみん》ばかりがいたわけじゃない。そんなことはありえない。一人ひとりは、よき家庭人であり、両親思いの息子《むすこ》であり、普通《ふつう》に喜怒哀楽《きどあいらく》のある当たり前の人たちだった。

　でも人は、集団《しゅうだん》になったとき、時おりとんでもない過《あやま》ちを犯《おか》してしまう。集団《しゅうだん》に自分の意思を預《あず》けてしまう。これも歴史的事実《れきしてきじじつ》。このスイッチが入るとき、つまり集団《しゅうだん》が暴走《ぼうそう》するとき、メディアはこれ以上《いじょう》ないほどの潤滑油《じゅんかつゆ》となる。特《とく》に、字を読む必要《ひつよう》がない映像《えいぞう》や通信《つうしん》は、悲しみや喜《よろこ》び、怒《いか》りや憎《にく》しみなど、人の感情的《かんじょうてき》な部分をとても強く、直接的《ちょくせつてき》に刺激《しげき》する。

　もちろん、活字メディアにだってこの危険性《きけんせい》はある。明治政府《めいじせいふ》が国《こく》民《みん》の教育に熱心《ねっしん》だった日本の場合《ばあい》、文字を読める人の割合《わりあい》は、世界の平均《へいきん》よりは少しだけ高かった。映画《えいが》やラジオが戦争推進《せんそうすいしん》に大きな役割《やくわり》を果《は》たしたことは事実だけど、新聞も多くの人に読まれていた。そし

てこの新聞が、「今戦争《せんそう》を起こさなければ自分たちは滅《ほろ》んでしまう」との読者の危機《きき》意識《いしき》を刺激《しげき》した。だから当時の日本国民《にほんこくみん》は、陸軍《りくぐん》が中国大陸《ちゅうごくたいりく》に侵攻《しんこう》することを、とても熱狂的《ねっきょうてき》に応援《おうえん》した。

愚《おろ》かさの証明《しょうめい》

第二次世界大戦《だいにじせかいたいせん》が終わり、枢軸国体制《すうじくこくたいせい》は消滅《しょうめつ》した。でもプロパガンダは消えていない。今度は冷戦《れいせん》が始まった。ソ連《れん》を中心とした共産主義陣営《きょうさんしゅぎじんえい》と、アメリカを中心とした自由主義陣営《じゆうしゅぎじんえい》では、自国民《じこくみん》に対しての様々なプロパガンダが行われた。日本だって例外《れいがい》ではない。

二十世紀末《せいきまつ》には冷戦《れいせん》も終わった。でもプロパガンダの時代は続《つづ》いている。過去形《かこけい》じゃない。今も続《つづ》いている。三本のバオバブの木はとりあえずは切《き》り倒《たお》されたけれど、その大きな栄養《えいよう》となった映画《えいが》とラジオは、その後も世界に残《のこ》された。それどころじゃない。この二つは融合《ゆうごう》してひとつになった。それが何だかわかるよね。

テレビだ。

戦後《せんご》から六十年が過《す》ぎて、テレビは凄《すさ》まじく進化した。今あなたは、家にいながら世界の反対側《はんたいがわ》でこの瞬間《しゅんかん》起きていることを、実際《じっさい》の映像《えいぞう》として見ることができる。リュミエール兄弟が初《はじ》めてパリで上映会《じょうえいかい》を行ったとき、機関車《きかんしゃ》の映像《えいぞう》に観客《かんきゃく》がパニックになった頃《ころ》を考えれば、まるで夢《ゆめ》のような進化だ。

だからこそ注意してほしい。考えてほしい。メディアは怖《こわ》い。使い方を誤《あやま》ると、たくさんの人が死ぬ。メディアの情報《じょうほう》を何の疑《うたが》いもなくそのまま受け入れてしまうと、人を殺《ころ》し、そして自分も殺《ころ》されることになる状況《じょうきょう》を呼《よ》び寄《よ》せてしまう可能性《かのうせい》がある。

人はそこまで愚《おろ》かじゃないと言う人もいる。僕《ぼく》もそう思いたい。で

も歴史《れきし》はこれを証明《しょうめい》している。メディアによって危機《きき》を煽《あお》られたとき、人は簡単《かんたん》に思考を停止《ていし》してしまう。普通《ふつう》だったらとてもできないようなことを、いとも簡単《かんたん》にやってしまう。同じことを繰《く》り返《かえ》さないと信《しん》じたいけれど、メディアそのものは、かつての頃《ころ》とは比較《ひかく》にならないほどに進化している。つまり、より巧妙《こうみょう》なプロパガンダが、やる気になれば簡単《かんたん》にできる。

第一章で僕《ぼく》は、メディアも間違《まちが》えることがあるとあなたに言った。まずはそれを知ってほしい。でも次に、たとえ間違《まちが》いではなくても、メディアの報《ほう》じ方《かた》によって受ける印象《いんしょう》はまったく違《ちが》ってくるということを知ってほしい。

イラク戦争《せんそう》のことは、あなたも知っていると思う。この戦争《せんそう》には伏線《ふくせん》がある。一九九一年に始まった湾岸戦争《わんがんせんそう》だ。この前年の八月に、イラクが隣国《りんごく》のクウェートに侵攻《しんこう》したことが、この戦争《せんそう》の直接的《ちょくせつてき》なきっかけだ。でも仮《かり》にイラクがどうしようもない国であっても、一般《いっぱん》のアメリカ人としては、できれば戦争《せんそう》は避《さ》けたいと考えることが当たり前だ。

ところがイラクによるクウェート侵攻《しんこう》の二ヵ月後、アメリカに呼《よ》ばれたクウェートの少女が、イラク兵《へい》が病院で赤ん坊を床《ゆか》にたたきつけたなどと涙《なみだ》ながらに議会《ぎかい》で訴《うった》えて、戦争《せんそう》に疑問《ぎもん》を抱《いだ》いていたアメリカの世論《よろん》は、一気にイラクを懲《こ》らしめようと高まった。同じ頃《ころ》、海岸で油にまみれた水鳥の映像《えいぞう》が、さかんにアメリカのテレビで放送された。アメリカだけじゃない。世界中《せかいじゅう》（もちろん日本も含《ふく》めて）のテレビで放送された。憎《にく》むべきフセインは、こうして環境破壊《かんきょうはかい》までも行っている。そんなイメージを刷《す》り込《こ》まれたアメリカ国民は、この戦争《せんそう》の正しさを信《しん》じ込《こ》んだ。

こうしてアメリカを中心とする多国籍軍《たこくせきぐん》によるイラクへの空爆《くうばく》が始まった。

結局《けっきょく》はあとでわかったことだけど、議会《ぎかい》で証言した少女は、アメリカに置かれたクウェート大使館に勤務《きんむ》する大使の娘《むすめ》だった。もちろんイラク侵攻時《しんこうじ》にはクウェートにはいない。要《よう》するに彼女《かのじょ》の涙《なみだ》の訴《うった》えはお芝居《しばい》だったわけだ。でもメディアは騙《だま》された。だから一般《いっぱん》の国民も騙《だま》された。そして空爆《くうばく》が始まり、たくさんの市民が殺《ころ》された。

同じように油にまみれた水鳥の映像《えいぞう》も、実はイラクとはまったく関係《かんけい》のないタンカー事故《じこ》のときに撮《と》られた映像《えいぞう》であることが、戦争《せんそう》が終わったあとに明らかになった。このときの大統領《だいとうりょう》は、今の大統領《だいとうりょう》であるブッシュのお父さん。困《こま》った親子だね。この映像《えいぞう》を使いながら、「イラクは重油を大量《たいりょう》に流出して周囲《しゅうい》の環境《かんきょう》に深刻《しんこく》な影響《えいきょう》を与《あた》えている」とメディアは訴《うった》えたけれど、その後の調査《ちょうさ》で、むしろ油田《ゆでん》を破壊《はかい》したのは、アメリカ軍《ぐん》のミサイルであることもわかってきた。

少女の場合《ばあい》は、メディアも騙《だま》された。でも水鳥の映像《えいぞう》の場合《ばあい》は、これがイラクとは関係《かんけい》ないことを何となく知りながら、使うメディアがかなりあったようだ。だから間違《まちが》えたわけじゃない。もちろん裏《うら》にはアメリカ政府《せいふ》の圧力《あつりょく》や操作《そうさ》があった。つまりプロパガンダだ。

決して昔話《むかしばなし》じゃない。いつの世にもプロパガンダはある。そしてメディアが発達《はったつ》すればするほど、その影響力《えいきょうりょく》は大きくなっている。

「みんな同じことを考えよ」

メディア・リテラシーはなぜ必要《ひつよう》か。誰《だれ》の役に立つのか。もしあなたが、そんな疑《ぎ》問《もん》を持つのなら、こう考えてほしい。

誰《だれ》かのためじゃない。僕《ぼく》のためだ。あなたのためだ。あなたとあなたの家族、そしてこの地球に生きているすべての人のためだ。

この章の最後《さいご》に、ナチスの宣伝相《せんでんしょう》に就任《しゅうにん》したゲッベルスに、ヒトラーが言ったとネットなどで流布《るふ》している有名な言葉を引用する。実はヒトラーが、実際《じっさい》にこんなことを口にしたかどうかは、はっきりしていない。ネットもメディアのひとつなのだから、リテラシーは必要《ひつよう》だ。だからこ

こに引用するかどうか、本当はとても迷《まよ》ったけれど、同じようなことをヒトラーが実際《じっさい》に言っていたことは事実だから、とにかく引用する。それを前提《ぜんてい》におきながらも、じっと噛《か》みしめて読んでほしい。ここで「青少年」と呼《よ》ばれている人たちは、あの時代の「あなた」たちだ。これはただの昔話なのか、それとも今のこの時代と何かが繋《つな》がっているのか、そんなことを考えながら読んでほしい。誰《だれ》のためでもない。あなたのために。

青少年に、判断力《はんだんりょく》や批判力《ひはんりょく》を与《あた》える必要《ひつよう》はない。彼《かれ》らには、自動車、オートバイ、美しいスター、刺激的《しげきてき》な音楽、流行の服、そして仲間《なかま》に対する競争意識《きょうそういしき》だけを与《あた》えてやればよい。青少年から思考力を奪《うば》い、指導者《しどうしゃ》の命令《めいれい》に対する服従心《ふくじゅうしん》のみを植《う》え付《つ》けるべきだ。国家や社会、指導者《しどうしゃ》を批判《ひはん》するものに対して、動物的《どうぶつてき》な憎悪《ぞうお》を抱《いだ》かせるようにせよ。少数派《しょうすうは》や異端者《いたんしゃ》は悪だと思いこませよ。みんな同じことを考えるようにせよ。みんなと同じように考えないものは、国家の敵《てき》だと思いこませるのだ。

第3章

キミが知らない、メディアの仕組み

公正中立《こうせいちゅうりつ》で客観的《きゃっかんてき》なのがメディア。言い換《か》えれば、個人《こじん》の感情《かんじょう》やこうあってほしいという願いなどは排除《はいじょ》される、ということになる。でもそんなことは絶対《ぜったい》に不可能《ふかのう》だ。絶対《ぜったい》という言葉はあまり好きじゃないけれど、でもこれは絶対《ぜったい》。それにもしもそんなことができる人がいるならば、それは人じゃなくて神さまだ。

僕《ぼく》がクビになった理由

メディアは怖《こわ》い。場合《ばあい》によっては人が死ぬ。それも大量《たいりょう》に。だからこそリテラシーは重要《じゅうよう》だ。そこまではわかってくれたかな。じゃあ理論《りろん》の次は実践《じっせん》だ。リテラシーを身につけるためには、具体的《ぐたいてき》にはどうすればよいのだろう？

これについて書くにあたって、まず僕《ぼく》は僕《ぼく》自身の自己紹介《じこしょうかい》から始めようと思う。なぜなら僕《ぼく》自身のこれまでの人生が、メディア・リテラシーにとても強い関《かか》わりがあるからだ。

前の章で僕《ぼく》は、「テレビは特《とく》に怖《こわ》いメディアだ」と書いた。そしてこの僕《ぼく》自身は、実はテレビメディアの人間だ。テレビの仕事を十年ほどやってから、映画《えいが》を作り、その後は本を書くことが多くなった。でも今も、テレビから引退《いんたい》したつもりはない。

初《はじ》めての映画《えいが》を作ったのは今（二〇〇六年）から十年前。自主制作《じしゅせいさく》（制作資金《せいさくしきん》や配給《はいきゅう》などのすべてを、自分たちでまかなう）のドキュメンタリー映画《えいが》だった。タイトルは『A』。松本《まつもと》サリン事件《じけん》のとき、警察《けいさつ》とメディアによって被害者《ひがいしゃ》であるはずの河野義行《こうのよしゆき》さんが犯人《はんにん》のように扱《あつか》われたことは前に書いたね。この事件《じけん》の翌年《よくねん》、オウム真理教の信者《しんじゃ》たちが地下鉄サリン事件《じけん》を起こす。河野義行《こうのよしゆき》さんが潔白《けっぱく》であることが、これによって完全《かんぜん》に証明《しょうめい》される。松本《まつもと》でサリンを撒《ま》いたのも、オウム真理教の信者《しんじゃ》たちだった。『A』は松本《まつもと》や地下鉄でサリンを撒《ま》いてたくさんの人を殺害《さつがい》したオウム真理教の信者《しんじゃ》を、被写体《ひしゃたい》にしたドキュメンタリーだ。

実はこの映画《えいが》は、最初《さいしょ》はテレビで番組として、もっと短い形で放送する予定だった。でも「オウム真理教の信者《しんじゃ》を絶対悪《ぜったいあく》として描《えが》け」とのテレビ局の上層部《じょうそうぶ》の指示《しじ》に、どうしても納得《なっとく》できない僕《ぼく》は、結果的《けっかてき》に当時所属《しょぞく》していた番組制作会社《ばんぐみせいさくがいしゃ》から、契約《けいやく》を破棄《はき》されることになる。つまりクビだ。

地下鉄サリン事件《じけん》が起きてからの日本のメディアは、まさしくオウム一色だった。今の北朝鮮報道《きたちょうせんほうどう》の百倍近い報道量《ほうどうりょう》といっても大袈裟《おおげさ》ではないと思う。新聞は毎日一面で事件《じけん》の推移《すいい》を伝《つた》え、号外はしょっちゅう出る。雑誌《ざっし》も毎週のようにオウム特集《とくしゅう》で、増刊号《ぞうかんごう》もたくさん出た。テレビはレギュラー番組を打ち切って、朝から晩《ばん》までオウムの特番《とくばん》ばかり。それも一週間や二週間じゃない。何ヵ月もそんな状態《じょうたい》が続《つづ》いていた。

この頃《ころ》の（そして今も）メディアは、史上最悪《しじょうさいあく》の宗教団体《しゅうきょうだんたい》としてオウムを描《えが》いていた。確《たし》かに事件《じけん》それ自体は凶悪《きょうあく》そのものだ。でも、撮影《さつえい》の打ち合わせのためにオウム施設《しせつ》を訪《おとず》れたとき、そこで出会ったおおぜいのオウム信者《しんじゃ》は、一人残《のこ》らず善良《ぜんりょう》で、優《やさ》しくて、気弱そうな人たちだった。僕《ぼく》は混乱《こんらん》した。世間ではマインドコントロールされた凶悪《きょうあく》な殺人集団《さつじんしゅうだん》と思われている彼《かれ》らは、殺生《せっしょう》を固《かた》く禁《きん》じられ、世界の平和を本気で願《ねが》う人たちだった。

だから上層部《じょうそうぶ》の、「絶対悪《ぜったいあく》としてオウムを描《えが》け」との指示《しじ》に、僕《ぼく》はどうしても従《したが》えなかった。凶暴《きょうぼう》な殺人集団《さつじんしゅうだん》がやった史上最悪《しじょうさいあく》の事件《じけん》としてだけ報《ほう》じるならば、事件《じけん》の本質《ほんしつ》には辿《たど》り着《つ》けない。優《やさ》しくて善良《ぜんりょう》で純粋《じゅんすい》な彼《かれ》らが、なぜあんな凶悪《きょうあく》な事件《じけん》を起こしたのか、それを考えるべきだと思ったのだ。

でも結果《けっか》として、僕《ぼく》は「オウムを擁護《ようご》する危険《きけん》なディレクター」として、番組制作《ばんぐみせいさく》会社《がいしゃ》から契約《けいやく》を解除《かいじょ》された。オウムの信者《しんじゃ》たちが普通《ふつう》に笑《わら》ったり話したりしているシーンは、テレビで放送することが難《むずか》しかったのだ。つまり彼《かれ》らの「人間らしさ」を描《えが》くことは、テレビなどのマスメディアでは、何となく「やってはいけないこと」とされていた。それで仕方なく、僕《ぼく》はこの作品を自主制作映画《じしゅせいさくえいが》にした。予算がないからプロのカメラマンを頼《たの》むことができない。だから自分でカメラを回した。編集《へんしゅう》も音楽も自分でやった。自ら選《えら》んだことじゃない。他《ほか》にどうしようもないから仕方なくだ。でもテレビというメディアから離《はな》れてこの映画《えいが》を作る過程《かてい》で、僕《ぼく》はとてもたくさんの体験《たいけん》をした。そしてこれまでの自分が、とても大きな勘違《かんちが》いをしていたことに気がついた。

トップ・ニュースは何か?

それまで僕《ぼく》は、テレビ報道《ほうどう》にとっていちばん大事なことは、「公正中立《こうせいちゅうりつ》」だと考えていた。公正であること、そして中立であることが、メディアの何よりも重要《じゅうよう》な基本《きほん》だと考えていた。先輩《せんぱい》たちからもそう教えられた。

でもオウムの施設《しせつ》の中で、たった一人でカメラを回しながら、僕《ぼく》は自分のこの思《おも》い込《こ》みが、とんでもない勘《かん》ちがいだったことを知る。メディアには他《ほか》にも、いくつかの大事な約束《やくそく》がある。たとえば客観的《きゃっかんてき》であることだ。

公正中立で客観的《きゃっかんてき》であること。これを言《い》い換《か》えれば、個人《こじん》の感情《かんじょう》やこうあってほしいという願《ねが》いなどは、あってはいけないものということになる。でもそんなことは不《ふ》可能《かのう》だ。

テレビでは毎日、ニュースが放送される。あなたもたまに観《み》ているかな。たとえばテレビ朝日系列《けいれつ》なら「報道《ほうどう》ステーション」。TBS系列《けいれつ》なら「NEWS23」。日本テレビ系列《けいれつ》なら「ZERO」。フジテレビ系列《けいれつ》なら「ニュース・ジャパン」。NHKなら「ニュース10」。ローカル局だってそれぞれのニュースの枠《わく》がある。

一度あなたに試《ため》してもらいたいことがある。たいしたことじゃない。ビデオデッキを使って、同じ日のニュースをいくつか録画《ろくが》して、見比《みくら》べてほしいのだ。

ニュース番組の場合《ばあい》、いちばん最初《さいしょ》に、その日の出来事でいちばん重要《じゅうよう》だと番組のスタッフたちが考えるニュースが放送される。どんなニュース番組でもこれは変《か》わらない。

まずはその順番《じゅんばん》をチェックしてみよう。トップニュースは各局一緒《かっきょくいっしょ》だろうか？　その次は？　そしてまた次は？

表にしてみればもっとわかりやすいかもしれない。できれば一日だけでなく、何度か続《つづ》けてほしい。

たぶん何度も比《くら》べるうちに、違《ちが》いがわかってくるはずだ。ＴＢＳではトップニュースなのに、フジテレビでは三番目か四番目の小さなニュースだったり、テレビ朝日では小さな扱《あつか》いながらも報道《ほうどう》したのに、同じ日の日本テレビではまったく報道《ほうどう》しないニュースもあるかもしれない。

これを長く続《つづ》ければ、それぞれの放送局が考えるニュースの価値《かち》、あるいは今起きている問題の優先順位《ゆうせんじゅんい》などがわかってくるけれど、今回はそこまでやる必要《ひつよう》はない。放送局や番組によって、ニュースの順番《じゅんばん》、つまり価値観《かちかん》が違《ちが》うことがわかれば充分《じゅうぶん》だ。

同じことは新聞にも言える。朝日新聞と読売新聞《よみうりしんぶん》、産経新聞《さんけいしんぶん》と毎日新聞、そしてそれぞれの地域《ちいき》の地元紙も入れて、同じ日の一面の記事を比《くら》べてみよう。新聞の一面は、テレビのニュースで言えばトップニュース。でもこれも、新聞各紙によってずいぶん違《ちが》う。たぶんテレビよりも、その違《ちが》いはもっとはっきりしているはずだ。

で、ここで考えてほしい。それぞれの放送局、それぞれの新聞社によって、ニュースの価値《かち》はずいぶん違《ちが》う。ならばたまたま夜のニュースの時間に、ＮＨＫのチャンネルに合わせたか、フジテレビのチャンネルに合わせたかで、あなたの今日一日の世界《せかい》観《かん》は、ずいぶんと変《か》わってしまう可能性《かのうせい》がある。
たった一日とはいえ、その日に自分が受けた情報《じょうほう》によって形作られる世界観《せかいかん》を僕《ぼく》は大事にしたい。たまたまつけたテレビのチャンネルによってあっさりと変《か》わってしまうような、そんな浅《あさ》いものであってほしくない。

ところまで考えたら、もうひとつ踏《ふ》み込《こ》んで考えよう。

ニュースの価値《かち》を決めるのは誰《だれ》？

放送局や新聞社によって、ニュースの価値《かち》は変《か》わってしまうことをあなたは知った。じゃあそのニュースの価値《かち》を決めているのは誰《だれ》だろう？

それぞれの放送局に、コンピュータが内蔵《ないぞう》されたニュース価値測定器《かちそくていき》があって、それがニュースの価値《かち》を決めているわけではもちろんない。第一章で僕《ぼく》は、メディアがなぜ間違《まちが》えるかを書いた。思いだしてほしい。

ニュースの価値《かち》を決めているのは、報道局《ほうどうきょく》や社会部のプロデューサーやデスク、あるいはディレクターや記者たちだ。

つまり人。

人であるからには、当然《とうぜん》ながら感情《かんじょう》がある。好《す》き嫌《きら》いもある。願望《がんぼう》だってもちろんある。あなたはどう？　もしもあなたが記者かディレクターなら、自民党《じみんとう》の代議士《だいぎし》が脇見運転《わきみうんてん》で交通事故《こうつうじこ》を起こした事件《じけん》と、秋田県の山中で熊《くま》に人が襲《おそ》われた事件《じけん》の、どちらのほうが大きな事件《じけん》と考えるかな。

たぶん人によって違《ちが》うと思う。そりゃそうだ。興味《きょうみ》や関心《かんしん》の方向や大きさは人によって違《ちが》う。そこには客観的《きゃっかんてき》な規準《きじゅん》などない。ある程度《ていど》のデータや、その事件《じけん》によって社会が受ける影響《えいきょう》とかの予測《よそく》はできる。だからある程度《ていど》までの客観的《きゃっかんてき》な価値付《かちづ》けは可《か》能《のう》だけど、これも絶対《ぜったい》ではない。結局《けっきょく》のところ、何が大切な情報《じょうほう》で何が不要《ふよう》な情報《じょうほう》かを決めるのは、最終的《さいしゅうてき》には人なのだ。

ニュースの価値《かち》や情報《じょうほう》を決めるのは、客観的《きゃっかんてき》な基準《きじゅん》やデータだけではなく、たまたまそのニュースを担当《たんとう》した人の感情《かんじょう》や好《す》き嫌《きら》いが大きく働《はたら》いている。この「感情《かんじょう》や好《す》き嫌《きら》い」は、「主観《しゅかん》」と言《い》い換《か》えることもできる。客観《きゃっかん》の反対。つまりテレビのニュースや新聞の記事は、何を報道《ほうどう》するかしないか、何をニュースにするかしないかを決めるその段階《だんかい》で、もう客観的《きゃっかんてき》などというレベルではない。

ニュースの作られかた

じゃあ次に、テレビ・ニュースの中身を考えよう。具体的《ぐたいてき》な例《れい》を挙《あ》

げるのがいちばんわかりやすい。何にしようかな。

今日未明、中央自動車道の談合坂《だんごうざか》インター付近《ふきん》で、オートバイを運転していた飯田浩一《いいだこういち》さん（二十八歳《さい》）が、乗用車から故意《こい》に接触事故《せっしょくじこ》を起こされて転倒《てんとう》し、意識不明《いしきふめい》の重態《じゅうたい》です。

乗用車を運転していた森達也《もりたつや》（二十五歳《さい》）は、暴走族《ぼうそうぞく》の集会に立《た》ち寄《よ》った帰りに談合坂《だんごうざか》インターで小さな仔猫《こねこ》を見つけ、拾って帰ろうとしたところ、その様子を見ていた飯田《いいだ》さんと、どっちが仔猫《こねこ》を持って帰るかで喧嘩《けんか》になり、最後にはそれぞれの乗用車とバイクとで高速道路上でカーチェイスを繰《く》り広《ひろ》げ、飯田《いいだ》さんは頭部挫傷《ざしょう》の大怪我《おおけが》を負いました。通報《つうほう》を聞いてかけつけた山梨県警《やまなしけんけい》に森《もり》は現行犯《げんこうはん》逮捕《たいほ》され、現在《げんざい》取調べを受けています。

とまあ、こんな事件《じけん》があったとする。ないか。こんな事件《じけん》。まあ細かいところはいいや。山梨県警《やまなしけんけい》の記者クラブから連絡《れんらく》を受けて、ニュースの取材班《しゅざいはん》はまず現場《げんば》に急ぎ、周囲《しゅうい》の様子や、タイヤがスリップした跡《あと》とか、激突《げきとつ》したバイクの炎上《えんじょう》で焦《こ》げたガードレールとか、場合《ばあい》によっては警察《けいさつ》まで行って容疑者《ようぎしゃ》が連行《れんこう》される様子を撮《と》ったり、喧嘩《けんか》の元になったという仔猫《こねこ》を探《さが》したり、容疑者《ようぎしゃ》が勤《つと》めていた職場《しょくば》に行って上司《じょうし》や同僚《どうりょう》に話を聞いたり、被害者《ひがいしゃ》の家まで行って家族のインタビューを撮《と》ったりする。ところが当《とう》の仔猫《こねこ》がどうしても見つからない。困《こま》った。ならば仕方がない。テレビ局には資料映像《しりょうえいぞう》という便利《べんり》なものがある。

現場《げんば》の取材《しゅざい》を終えたら、大急ぎでテレビ局のスタッフルームに戻《もど》る。仕事はまだ終わらない。これから映像《えいぞう》の編集《へんしゅう》という大作業がある。ナレーションの長さに合わせて、撮《と》ってきた映像《えいぞう》を繋《つな》がなくてはならない。

最初《さいしょ》のカットはどうしようか。ディレクターは考えながら、今日撮《と》ってきた映像《えいぞう》をもう一度チェックする（実は現場《げんば》に行ったディレクターと

編集《へんしゅう》を担当《たんとう》する人が、別《べつ》な場合《ばあい》もよくある。今回は同じ人にした）。よし決めた。最初《さいしょ》の五秒は、国道を我《わ》がもの顔《がお》に走る暴走族《ぼうそうぞく》の資料映像《しりょうえいぞう》を使う。当初《とうしょ》は仔猫《こねこ》の資料映像《しりょうえいぞう》にするつもりだったのだけど、ニュースとしては、容疑者《ようぎしゃ》が事件《じけん》直前に立《た》ち寄《よ》っていたという暴走族《ぼうそうぞく》の集会をイメージさせたほうが、インパクトがあると判断《はんだん》したのだ。

次に事故《じこ》の現場《げんば》。生々しいスリップ跡《あと》。目撃者《もくげきしゃ》の証言《しょうげん》。被害者《ひがいしゃ》の家族のインタビュー。警察署《けいさつしょ》前の様子。これでちょうどナレーション分。よし荒編集《あらへんしゅう》（大まかな編集《へんしゅう》のこと）終わり。放送まであと三時間。急がなくちゃ。

プロデューサーのチェックを受けてOKをもらえれば、ナレーションを録音《ろくおん》したり、効果音《こうかおん》を挿入《そうにゅう》したり、テロップを入れたりする。ナレーションは記者が書いたり、場《ば》合《あい》によっては構成作家《こうせいさっか》というポジションの人が書く。音楽は音効《おんこう》さんに決めてもらう。二時間が過《す》ぎた。放送まで一時間。

番組放送直前には、待機《たいき》していたキャスターも加《くわ》わってプレビュー（事前に見ること）して、そこで問題がなければ、作業はすべて終了《しゅうりょう》。プロデューサーやキャスターからダメだしされることがあれば、あわててスタジオに戻《もど》って再編集《さいへんしゅう》だ。時間はない。タイムレースだ。やっとぎりぎり間に合った。とにかくこうしてニュースは放送される。

どっちも「事実」なのに

このディレクターは、最初《さいしょ》のカットで、国道を我《わ》がもの顔《がお》に走る暴走族《ぼうそうぞく》の資料映像《しりょうえいぞう》を使った。生まれたばかりの仔猫《こねこ》の資料映像《しりょうえいぞう》も取《と》り寄《よ》せていた。どちらを使おうかと悩《なや》んだけれど、結局《けっきょく》は暴走族《ぼうそうぞく》のほうにした。

そこで、あなたに聞きたい。まずは暴走族《ぼうそうぞく》の映像《えいぞう》と仔猫《こねこ》の映像《えいぞう》。頭に思《おも》い浮《う》かべてほしい。それから想像《そうぞう》してほしい。受ける印象《いんしょう》は同じだろうか。

もちろんそんなはずはない。クラクションを喧《やかま》しく鳴らしながら道

路を集団《しゅうだん》で走りまわる暴走族《ぼうそうぞく》の映像《えいぞう》を使ったことで、容疑者《ようぎしゃ》である森達也《もりたつや》の凶暴《きょうぼう》な一面は強調された。まあ確《たし》かに、走るバイクに幅寄《はばよ》せをしてくるようなどうしようもない男だけど、でももし仔猫《こねこ》の資料映像《しりょうえいぞう》からニュースを始めていたら、森達也《もりたつや》の印象《いんしょう》は、ずいぶんと違《ちが》うものになっていただろう。

さらにこのディレクターは、被害者《ひがいしゃ》の家族や友人たちのインタビューを使ったけれど、加害者《かがいしゃ》の職場《しょくば》の同僚《どうりょう》や上司《じょうし》のインタビューは使わなかった。「以前《いぜん》からいろいろ問題がある奴《やつ》でした」とか「かっとなると何をするかわからない奴《やつ》でした」とでも言ってくれれば使ったかもしれないが、「普段《ふだん》は真面目《まじめ》ないい奴《やつ》です」というお決まりのコメントだったので、今回は迷《まよ》うことなくカットした。その代わり、悔《くや》しさを訴《うった》える被害者《ひがいしゃ》の家族のインタビューをたっぷりと使ったから、視聴者《しちょうしゃ》にもその悔《くや》しさや怒《いか》りは伝わるに違《ちが》いない。

もし最初《さいしょ》のカットに仔猫《こねこ》の映像《えいぞう》を使い、被害者《ひがいしゃ》の家族や友人だけでなく、加害者《かがいしゃ》の職場《しょくば》の同僚《どうりょう》や上司《じょうし》のコメントを使っていたら、たぶんニュースの印象《いんしょう》、つまり森達也《もりたつや》という男のイメージは、ずいぶんと違《ちが》うものになっていただろう。

①暴走族《ぼうそうぞく》の資料映像《しりようえいぞう》→事故《じこ》の現場《げんば》→被害者家族《ひがいしやかぞく》のコメント→加害者《かがいしや》が取調《とりしら》べを受けている警察署《けいさつしよ》前

②愛《あい》らしい仔猫《こねこ》の資料映像《しりようえいぞう》→事故《じこ》の現場《げんば》→被害者家族《ひがいしやかぞく》、および加害者《かがいしや》友人などのコメント→加害者《かがいしや》が取調《とりしら》べを受けている警察署《けいさつしよ》前

①と②の違《ちが》いは、二つのカットだけだ。でも視聴者《しちようしや》が受ける印象《いんしよう》はずいぶん違《ちが》う。念《ねん》を押《お》しておきたいけれど、どっちも嘘《うそ》ではない。どちらも事実だ。加害者《かがいしや》は、走るオートバイを車で追跡《ついせき》しながら、事故《じこ》を起こすことを予測《よそく》して幅寄《はばよ》せするような無茶《むちや》な男だ。でも同時に、寒さに震《ふる》えている仔猫《こねこ》を見捨《みす》ててはおけないような、優《やさ》しいところもある。どちらも事実だ。どちらを採用《さいよう》しても嘘《うそ》ではない。でも視聴者《しちようしや》が受

ける印象《いんしょう》はまったく違《ちが》う。絶対《ぜったい》に許《ゆる》せない凶暴《きょうぼう》な男なのか、やったことは許《ゆる》せないけれど情状《じょうじょう》酌量《しゃくりょう》の余地《よち》があると思われるのか、この差《さ》は大きい。たった二つのカットが違《ちが》うだけで。

「わかりやすさ」が人生を左右する

僕《ぼく》はこれまで、メディア・リテラシーが必要《ひつよう》な理由を、いくつかの事例《じれい》を挙《あ》げてあなたに説明《せつめい》した。

①松本《まつもと》サリン事件《じけん》で被害者《ひがいしゃ》の河野《こうの》義行《よしゆき》さんが犯人《はんにん》と報道《ほうどう》された例《れい》
②宇都宮《うつのみや》の重度知的障害者《じゅうどちてきしょうがいしゃ》が誤認逮捕《ごにんたいほ》された例《れい》
③湾岸戦争時《わんがんせんそうじ》に議会《ぎかい》で偽《いつわ》りの証言《しょうげん》をした少女の例《れい》
④湾岸戦争時《わんがんせんそうじ》の油にまみれた水鳥の例《れい》

これらは皆《みな》、メディアが間違《まちが》えたり、騙《だま》されたりした結果《けっか》として、一般《いっぱん》の人たちも誤《あやま》った認識《にんしき》を持ってしまった実例《じつれい》だ。

でも実は、そんな場合《ばあい》だけじゃない。メディアが間違《まちが》えず、そして騙《だま》されてもいない場合《ばあい》でも、報道《ほうどう》の仕方によって、事実《じじつ》はいろんな形に変化《へんか》する。森達也《もりたつや》という同じ容疑者《ようぎしゃ》が、報道《ほうどう》によって、まったく違《ちが》うキャラクターを与《あた》えられるように。

つまり物事は、どこから見るかで全然違《ぜんぜんちが》う。なぜなら世の中の現象《げんしょう》はすべて、多面《ためん》的《てき》だからだ。

わかりやすさは大切だ。学校の授業《じゅぎょう》だって、わかりづらいよりはわかりやすいほうが良《よ》いに決まっている。でもね、ここで大切なことは、僕《ぼく》たちが生きている今のこの世界は、そもそもとても複雑《ふくざつ》で、わかりづらいということだ。その複雑《ふくざつ》さをそのまま伝えていたら、情報《じょうほう》にはならない。事《じ》件《けん》や現象《げんしょう》を情報《じょうほう》にするためには、複数《ふくすう》の視点《してん》は必要《ひつよう》ない。少なくしたほうがいい。ひとつなら最《もっと》もわかりやすい。

人間もふくめて、世界は多面体だ。どこから見るかで、現れかたはまったくちがうけれど、どれが正しくてどれが間違《まちが》っているというわけじゃないんだ。

捨《す》て猫《ねこ》を放っておけないと同時に走るバイクに幅寄《はばよ》せをするこの森達也《もりたつや》という男は、凶暴《きょうぼう》なのか優《やさ》しいのか。あなたは考《かんが》え込《こ》む。それでいい。どちらかが正解《せいかい》でどちらかが間違《まちが》いではない。どっちも正解《せいかい》。ふたつにひとつではない。凶暴《きょうぼう》であると同時に優《やさ》しいところもある。それが人間だ。

　でもそれでは情報《じょうほう》にならない。だからメディアは情報《じょうほう》を簡略化《かんりゃくか》する。「この犯人《はんにん》は残酷《ざんこく》だけど優《やさ》しいところもある」では、焦点《しょうてん》が絞《しぼ》りきれなくなるからだ。数字で言えば０か１。小数点以下《いか》の端数《はすう》は四捨五入《ししゃごにゅう》してしまう。

　なぜならそのほうが、事件《じけん》はわかりやすくなる。事件《じけん》がわかりづらいと、見ているほうは不安《ふあん》になる。だから視聴者《しちょうしゃ》は結論《けつろん》がはっきりしているニュースのほうを好《この》む。つまり視聴率《しちょうりつ》が上がる。だからテレビは、事件《じけん》をわかりやすく剪定《せんてい》する。チョキチョキ。この枝《えだ》は邪魔《じゃま》だ。切っちゃえ。この葉っぱも要《い》らない。チョキチョキ。

　ある意味で仕方がない。なぜならテレビ局は、多くの人に見てもら

うことで利益《りえき》をあげている。おおぜいの人が見てくれるなら、それだけ利益《りえき》が大きくなる。利益《りえき》が大きくなれば、社員一人ひとりの給料《きゅうりょう》も上がる。給料《きゅうりょう》が上がれば、社員たちの家族も美味《おい》しいものを食べることができるようになる。

家族を喜《よろこ》ばせたいと願《ねが》うお父さんの気持ちを、僕《ぼく》はあっさりとは否定《ひてい》できない。僕《ぼく》はそれほど立派《りっぱ》ではない。気持ちはよくわかる。何よりもかつて僕《ぼく》も、同じようなことをやっていた。でもやっぱりそれは、少なくとも公正ではないし中立でもない。

「撮《と》る」とは「隠《かく》す」こと

ひとりでカメラを持ってオウムの施設《しせつ》の中をうろつきながら、僕《ぼく》はそんなことを考えていた。僕《ぼく》がそう思いついたきっかけは、自分でカメラを回したからだ。

それまでは撮影《さつえい》のスタッフたちと一緒《いっしょ》にロケに行くことが当たり前だった。でもさっきも話したけれど、僕《ぼく》はそれまで所属《しょぞく》していた番組制作会社《ばんぐみせいさくがいしゃ》から、このドキュメンタリーの件《けん》で契約《けいやく》を解除《かいじょ》されてしまった。ならば仕方がない。友人のデジタルカメラを借《か》りた僕《ぼく》は、カメラマンに頼《たの》むのではなく、自分自身でカメラを回すことにした。そのとき気がついた。撮影《さつえい》という行為《こうい》は、ちっとも客観的《きゃっかんてき》じゃないし、ましてや公正でも中立でもないってことを。

僕《ぼく》の周《まわ》りには世界がある。あなたの周《まわ》りにもある。三六〇度すべてにある。でもカメラはまず、この無限《むげん》な世界を、四角いフレームの枠《わく》の中に限定《げんてい》する。その瞬間《しゅんかん》、区切られたフレームの外の世界は、存在《そんざい》しないことになってしまう。

何かを撮《と》るという行為《こうい》は、何かを隠《かく》す行為《こうい》と同じことなのだ。

ファインダーに片目《かため》を当ててカメラを回しながら、僕《ぼく》は自分が世界を選《えら》び直《なお》していることに気がついた。取捨選択《しゅしゃせんたく》している。僕《ぼく》の目の前

には、三人のオウムの信者《しんじゃ》がいる。ひとりはパソコンの画面を見つめている。ひとりはご飯《はん》にゴマをかけただけの質素《しっそ》な夕食を食べている。そしてもうひとりは、祭壇《さいだん》に額《ぬか》づいて祈《いの》りを捧《ささ》げている。

三人を同時には撮《と》れない。だから誰《だれ》かを選《えら》ばなければならない。選《えら》ぶのは僕《ぼく》だ。そして誰《だれ》を撮《と》るかで、見る人の印象《いんしょう》は全然違《ぜんぜんちが》う。

視聴率《しちょうりつ》と小数点以下《いか》の世界

まず何をニュースに選《えら》ぶかという段階《だんかい》で、すでに個人《こじん》の主観《しゅかん》は始まっている。テレビの場合《ばあい》は、これにさらに、撮影《さつえい》というフレーミングの要素《ようそ》が入る。つまり現場《げんば》のひとつの断面《だんめん》を選《えら》ぶ。言《い》い換《か》えれば、選《えら》んだ断面以外《だんめんいがい》は捨《す》てる。

編集《へんしゅう》の段階《だんかい》では、たくさんある映像素材《えいぞうそざい》の順列組《じゅんれつく》み合《あ》わせで、また大きく変《か》わる。

今度はそこに、音楽やナレーション、効果音《こうかおん》などを加《くわ》える。たとえばさっきのニュースの場合《ばあい》、哀《かな》しい音楽を使えば、被害者《ひがいしゃ》の辛《つら》さや哀《かな》しみはより増幅《ぞうふく》される。不気味《ぶきみ》な音楽を使えば、加害者《かがいしゃ》の非人間性《ひにんげんせい》がより強調される。ナレーションの内容《ないよう》で、視聴者《しちょうしゃ》の感情《かんじょう》をかなり誘導《ゆうどう》することもできる。もっと強調したいときには、インパクトのある効果音《こうかおん》を入れたり、テロップを入れたりする。

注目される裁判《さいばん》の公判《こうはん》を報道《ほうどう》する際《さい》に、法廷内《ほうていない》で撮影《さつえい》を禁《きん》じられているメディアは、再現映像《さいげんえいぞう》や似顔絵《にがおえ》などをよく使う。あなたもそんな報道《ほうどう》をテレビで見たことがあるよね。被告《ひこく》が入廷《にゅうてい》する前の法廷内《ほうていない》の映像《えいぞう》やイラストをバックに、被告《ひこく》が証言《しょうげん》台で喋《しゃべ》ったことを、あとから声優《せいゆう》に再現《さいげん》させる手法《しゅほう》もある。このときに、人を小ばかにしたような調子で台詞《せりふ》を読んでもらうか、誠実《せいじつ》そうに読んでもらうかで、被《ひ》告《こく》のキャラクターは相当に変《か》わる。泉谷《いずみや》しげるが台詞《せりふ》を言えば、相当に凶暴《きょうぼう》そうな被告《ひこく》になるだろう。森本《もりもと》レオに声優《せいゆう》を頼《たの》めば、気弱で誠《せい》実《じつ》そうな被告《ひこく》になるだろう。

もちろんできるかぎりは、本人の声やしゃべり方に近い声優《せいゆう》を選《えら》ぶ

べきだ。でも実際《じっさい》には、どうしても演出《えんしゅつ》の余地《よち》は入る。だって盛《も》り上《あ》げたほうが視聴《しちょう》率《りつ》は上がるのだから。さっきも書いたけれど、基本的《きほんてき》には0か1。中間の曖昧《あいまい》さは四《し》捨五入《しゃごにゅう》したほうがわかりやすい。つまり切り捨てか切り上げ。それによって現実《げんじつ》は誇《こ》張《ちょう》される。でもそのほうが、ストーリーが明解《めいかい》になって視聴者《しちょうしゃ》は喜《よろこ》ぶ。そうなると視《し》聴率《ちょうりつ》が上がる。上司《じょうし》に誉《ほ》められる。ギャラもアップするかもしれない。たまには回らない寿司《すし》に家族を連《つ》れてゆけるかもしれない。ならば頑張《がんば》るぞ。

……かつてテレビでニュース番組を作っていた頃《ころ》、きっと僕《ぼく》はこんな調子だったと思う。もちろん実際《じっさい》には、こんな面白《おもしろ》おかしさだけを考えてニュースを作っているわけじゃない。だからここまでの文章も、言ってみれば1か0。本当はこの1と0の間の、小数点以下《いか》の領域《りょういき》がある。視聴率《しちょうりつ》は取りたいけれど、あざとい演出《えんしゅつ》をしてしまう自分や番組のあり方に対して、これで本当によいのだろうかと悩《なや》む瞬間《しゅんかん》もある。そんなふうに悩《なや》み続《つづ》けてはいたけれど、でも結果的《けっかてき》には、わかりやすいニュースを作ってきた。僕《ぼく》だけじゃない。ほとんどのスタッフたちは、ときには悩《なや》みながらも、でも視《し》聴率《ちょうりつ》が取れるニュースを目指してきた。

事実の断片《だんぺん》とその積《つ》み重《かさ》なり

こうしてできあがった映像《えいぞう》が、少なくとも客観《きゃっかん》に徹《てっ》して作られているはずがない。あなたはどう思う? 主観《しゅかん》そのものだ。でもテレビ・ニュースを観《み》る人のほとんどは、ニュースは客観的《きゃっかんてき》に作られているものと思《おも》い込《こ》んでいる。事実だと思《おも》い込《こ》んでいる。

確《たし》かに画面に映《うつ》るのは事実の断片《だんぺん》だけど、その集積《しゅうせき》は事実とは違《ちが》う。喩《たと》えていえば何だろう。レゴみたいなものかな。一つひとつのパーツをある意図のもとに組み立てることで、ロケットや探査艇《たんさてい》や中世の城《しろ》が現《あらわ》れる。……まあレゴは少し大袈裟《おおげさ》か。でも近い。そのくらいに思っていたほうが間違《まちが》いはない。

多くの人は、この仕組みを知らない。ニュースの映像《えいぞう》に、撮《と》る人や編集《へんしゅう》する人の感《かん》情《じょう》が反映《はんえい》されていることや、視聴率《しちょうりつ》を上げるために刺激的《しげきてき》に見える工夫《くふう》をしていることなど、想像《そうぞう》すらしていない。

「中立」って何？

客観性《きゃっかんせい》と同様に、メディアは中立でなければならないと人は言う。誰《だれ》もが言う。メディアで働《はたら》いている人も言う。僕《ぼく》もかつてそう思っていた。

一章で書いたけれど、僕《ぼく》自身がかつて、オウムのドキュメンタリーを撮《と》ろうとして所属《しょぞく》していた番組制作会社《ばんぐみせいさくがいしゃ》から契約《けいやく》を解除《かいじょ》されたとき、その理由を当時の上司《じょうし》である番組制作部長《ばんぐみせいさくぶちょう》は、「オウムをニュートラル（中立）に見ようとしていないからだ」と説《せつ》明《めい》した。

でもここで、中立という意味を、もう一度ちゃんと考えたほうがいい。だからあなたに質問《しつもん》。中立って何？

……難《むずか》しいかな。中立とは、両端《りょうたん》から等距離《とうきょり》にある位置《いち》のことを言う。これを報道《ほうどう》に当《あ》て嵌《は》めれば、どちらか一つだけに偏《かたよ》らない姿勢《しせい》を言う。うん。それは納得《なっとく》できるよね。それは正しい。

でもならば、ここであなたに、もうひとつ質問《しつもん》したい。

その両端《りょうたん》は誰《だれ》が決めるの？

考えた？　わからないよね。それが正しい。気づいてほしいのだけ

ど、最初《さいしょ》から両端《りょうたん》が決まっているわけじゃない。数学の問題の場合《ばあい》は、設問者《せつもんしゃ》が両端《りょうたん》を設定《せってい》する。でも実際《じっさい》の事件《じけん》や現象《げんしょう》の場合《ばあい》には、そんな設問者《せつもんしゃ》はいない。

誰《だれ》かが両端《りょうたん》を決めなくちゃならない。

その誰《だれ》かとは誰《だれ》だろう。

基本的《きほんてき》には、民意《みんい》や世相という言葉に象《しょう》徴《ちょう》される時代の雰囲気《ふんいき》だ。でもそれが、必《かなら》ず正しいわけじゃない。僕《ぼく》をクビにした番《ばん》組制作部長《ぐみせいさくぶちょう》は、オウムを「極悪《ごくあく》な殺人集《さつじんしゅう》団《だん》」として描《えが》くことが、中立なのだと思《おも》い込《こ》んでいた。

多くの人の思いを、僕《ぼく》は否定《ひてい》はしない。

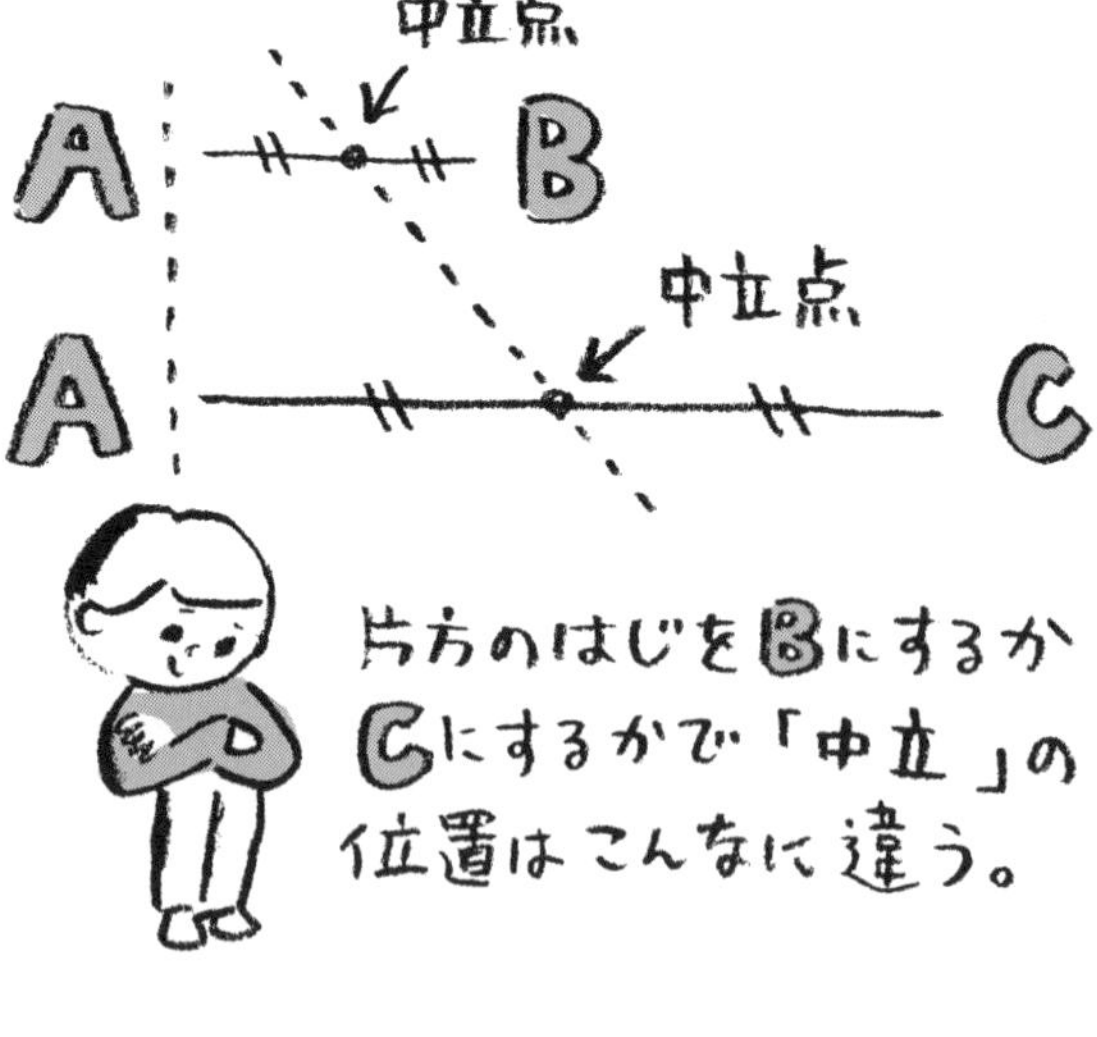

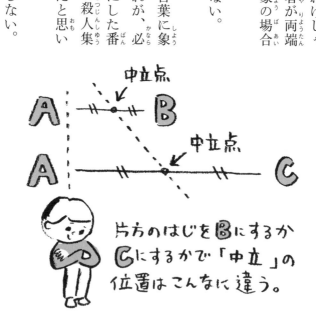

彼《かれ》がオウムを憎《にく》むのなら、それはそれで彼《かれ》の感情《かんじょう》だし尊重《そんちょう》しよう。でも「洗脳《せんのう》された極悪集団《ごくあくしゅうだん》」という見方は、良《よ》いか悪いかは別《べつ》にして正しくない。一章でも書いたけれど、彼《かれ》らは善良《ぜんりょう》で純粋《じゅんすい》で優《やさ》しい人たちだ。その優《やさ》しい人たちが、なぜあのような凶悪《きょうあく》な犯罪《はんざい》を起こしたかを考えるべきなのだ。

救《すく》いようのない悪人《あくにん》と「自分」

悪い人が悪事を為《な》す。僕《ぼく》らはそう思いたい。悪事を為《な》すような人は、自分とは違《ちが》う人なのだと思いたい。でも実は、人の内面はほとんど変《か》わらない。僕《ぼく》は仕事の関係《かんけい》もあって、暴力団《ぼうりょくだん》や右翼《うよく》やマフィアや殺人犯《さつじんはん》で懲役《ちょうえき》を終えた人やテロリスト予備軍《よびぐん》のような人たちに会う機会《きかい》が、普通《ふつう》の人よりは少しだけ多い。でも、「これは救《すく》いのないワル」だと思うような人に、いまだかつて会ったことがない。

もちろん短気な人はいる。思慮《しりょ》の浅《あさ》い人もいる。他人の痛《いた》みや苦しみへの想像力《そうぞうりょく》が欠《か》けている人もいる。でも救《すく》いようのない悪人などいない。オウムの信者《しんじゃ》も北朝鮮《きたちょうせん》の工作員もアルカイダのテロリストも、親を愛《あい》し子を愛《あい》し、喜怒哀楽《きどあいらく》もある普通《ふつう》の人たちだ。

大多数の人たちは、これをなかなか認《みと》めたがらない。なぜならこれを認《みと》めてしまうことは、自分の中にも悪事を為《な》す何かが潜《ひそ》んでいると認《みと》めることになるからだ。これは困《こま》る。連続殺人犯《れんぞくさつじんはん》と自分とのあいだには、大きな違《ちが》いがあるはずだと思いたい。きちんと線を引いてほしい。だって彼《かれ》らは特別《とくべつ》な人たちなのだから。そう思う人はとても多い。

「悪《あく》」はどこにいる?

ナチスが一党独裁《いっとうどくさい》した頃《ころ》のドイツでは、国民《こくみん》の誰《だれ》もが、ヒトラーは偉大《いだい》な指導者《しどうしゃ》で、ナチスの政策《せいさく》は正しいと思《おも》い込《こ》んでいた。ホロコーストでユダヤ人虐殺《ぎゃくさつ》に関与《かんよ》したナチスの幹部《かんぶ》たちは、ユダヤ人をこの地上からひとり残《のこ》らず抹殺《まっさつ》することが、自分たちに与《あた》えられた崇高《すうこう》な使命だと信《しん》じていた。

第《だい》二次《じ》世界大戦《せかいたいせん》が始まった頃《ころ》、日本国民《にほんこくみん》の誰《だれ》もが、悪いアメリカやイギリスを懲《こ》らしめて、天皇《てんのう》を頂点《ちょうてん》とする日本がアジアをまとめ、文化的《ぶんかてき》に遅《おく》れた地域《ちいき》や人たちを、より高いレベルに指導《しどう》してあげるために戦争《せんそう》をするのだと思《おも》い込《こ》んでいた。

あるいは今の北朝鮮《きたちょうせん》。どれほどの割合《わりあい》の国民《こくみん》が本気で讃《たた》えているかは正確《せいかく》にはわからないけれど、金日成《キムイルソン》と金正日《キムジョンイル》の親子は、この国をより良《よ》い方向に導《みちび》く立派《りっぱ》な指導者《しどうしゃ》だと、彼《かれ》らは思《おも》い込《こ》んでいる。アメリカや日本を筆頭とする悪い国は、自分たちをほろぼす存在《そんざい》だと本気で思っている。

アメリカの大統領《だいとうりょう》であるジョージ・ブッシュ。彼《かれ》もまた、悪魔《あくま》のようなテロリストや独裁者《どくさい》であるフセイン大統領《だいとうりょう》からイラクの人たちを救《すく》い出し、自由と民主主義《みんしゅしゅぎ》を世界に広めるために、アメリカはイラクに武力侵攻《ぶりょくしんこう》しなければならなかったのだと思っている。

どこかに悪がいる。そして自分たちはその悪を許《ゆる》してはならない。そんな雰囲気《ふんいき》を作るのはメディアだ。でも自分たちが媒介《ばいかい》となって作りだしたその雰囲気《ふんいき》に、実はメディア自身も呑《の》み込《こ》まれる。

もちろん、世相や民意《みんい》を、正確《せいかく》に数値化《すうちか》する、つまり数字に置きかえることは不可《ふか》能《のう》だ。だからこそ、現場《げんば》に行った記者やディレクター、デスクやプロデューサーたちの判断《はんだん》も重要《じゅうよう》になる。でもその判断《はんだん》に明確《めいかく》な根拠《こんきょ》はない。最後《さいご》は直感だ。

つまりこれもまた主観《しゅかん》。

絶対的《ぜったいてき》な座標軸《ざひょうじく》など、人は手に入れることはできない。だから絶対《ぜったい》に中立な位置《いち》など、人には絶対《ぜったい》にわからない。絶対《ぜったい》という言葉はあまり好《す》きじゃないけれど、でもこれは絶対《ぜったい》。それがわかる人がもしいるならば、それは人ではなくて神さまだ。

両方の言い分を聞けば、公平なの?

同じようにメディアの鉄則《てっそく》で、「両論併記《りょうろんへいき》」という言葉がある。特《とく》に新聞社に入ったばかりの駆《か》け出《だ》しの記者は、先輩《せんぱい》たちにまずはこの鉄則《てっそく》を教《おし》え込《こ》まれる。

両論併記《りょうろんへいき》の意味は、対立する人や組織《そしき》などを記事やニュースでとり

あげるとき、その片方《かたほう》の人や組織《そしき》の言い分だけでなく、双方《そうほう》の意見を同じ分量《ぶんりょう》だけ呈《てい》示《じ》するというルールだ。新聞だけじゃない。テレビでもこの鉄則《てっそく》は基本《きほん》の一つだ。

でもこれも、中立の概念《がいねん》と同じく、実は大きな落《お》とし穴《あな》がある。

この構造《こうぞう》は確《たし》かにある。そこまでは正しい。でもAに対立するものがBであることは、いったい誰《だれ》が決めるのだろう？　もしかしたらCかもしれない。Dの場合《ばあい》だって

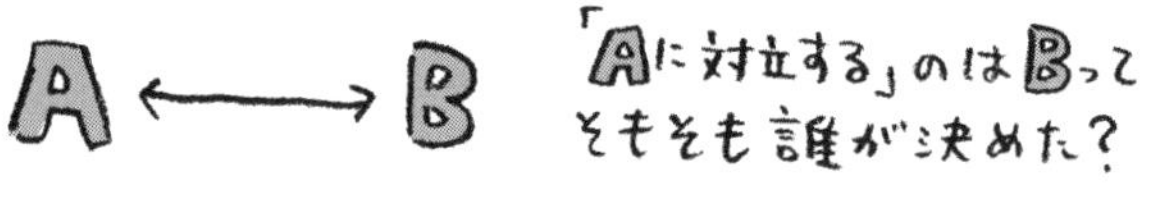

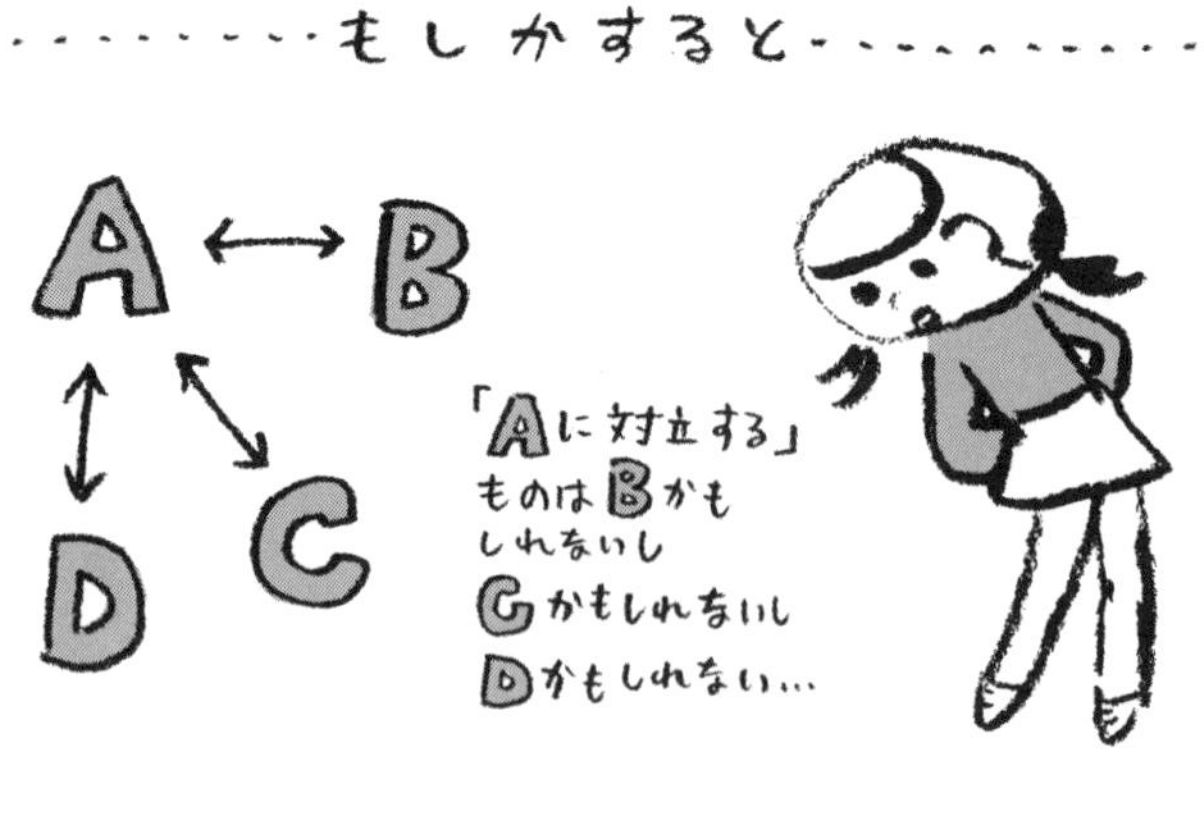

あるかもしれない。

誰《だれ》かが決めなくてはならない。つまり中立点と一緒《いっしょ》。これもまた誰《だれ》かの主観《しゅかん》。

それともうひとつ。このルールには本質的《ほんしつてき》な矛盾《むじゅん》がある。仮《かり》に二つの意見を並《なら》べたとしても、その並《なら》べ方で印象《いんしょう》はだいぶ違《ちが》う。Aの意見を紹介《しょうかい》してから、これに反対するBの意見を紹介《しょうかい》する。理屈《りくつ》としては、これで両論併記《りょうろんへいき》となる。でもこの場合《ばあい》、後から出したBのほうが、視聴者《しちょうしゃ》や読者の共感《きょうかん》を呼《よ》び起《お》こしやすい。Aは途中経過《とちゅうけいか》でBは結論《けつろん》に近いという心理作用が、何となく働《はたら》いてしまうからだ。

もちろんテレビや新聞のプロたちはこれを知っている。だから時にはこれを無意識《むいしき》に利用《りよう》する。痴漢行為《ちかんこうい》で逮捕《たいほ》された大学教授《だいがくきょうじゅ》がいる。彼《かれ》は警察《けいさつ》のフレームアップ（でっちあげ）であることを主張《しゅちょう》している。テレビのニュースでこの事件《じけん》を扱《あつか》うとき、中立公正なメディアの立場《たちば》としては、彼《かれ》の言い分を紹介《しょうかい》しないわけにはゆかない。

もしもこんなケースがあったとき、よく注意してニュースを見てほ

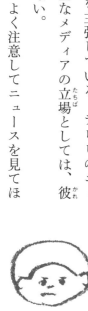

しい。大学教授《きょうじゅ》がニュース映像《えいぞう》の最後《さいご》に登場することはまずない。彼《かれ》の主張《しゅちょう》を紹介《しょうかい》してから、それとは反対の立場《たちば》に立つ警察《けいさつ》や検察関係者《けんさつかんけいしゃ》の主張《しゅちょう》で終わる。見終えた視聴者《しちょうしゃ》は、最後《さいご》に登場する主張《しゅちょう》のほうが正しいかのような気分になる。

こんな順番《じゅんばん》があらかじめ決まってしまっているその理由は、大学教授《だいがくきょうじゅ》の主張《しゅちょう》にも正当性《とうせい》があると思う人は、明らかに社会の少数派《しょうすうは》だからだ。テレビは多数派《たすうは》に抗《あらが》わない。なぜなら視聴率《しちょうりつ》が落ちるから。抗議《こうぎ》だって来るかもしれない。もしも局の偉《えら》い人がその抗議《こうぎ》のことを聞いたら、そんな問題を起こすようなディレクターやプロデューサーは重要《じゅうよう》なポジションに置《お》いてはおけないと思うかもしれない。スポンサー企業《きぎょう》の担当《たんとう》者《しゃ》が抗議《こうぎ》の件《けん》を耳にしたら、もうスポンサーは降《お》りると言い出すかもしれない。

多数派《たすうは》に従《したが》うのはなぜ?

テレビが他《ほか》のメディアと大きく違《ちが》う点のひとつは、このスポンサーの存在《そんざい》がとても大きいことだ。新聞や雑誌《ざっし》、本は、それを読む人から料金《りょうきん》をもらう。ところがテレビは、（CSやBSは例外《れいがい》として）視聴者《しちょうしゃ》から料金《りょうきん》をもらわない。代わりにCMのスポンサーである企業《きぎょう》から広告費《こうこくひ》をもらう。テレビはこの広告費《こうこくひ》で番組を作り利益《りえき》をあげる。だからスポンサーの意見をとても大事にする。機嫌《きげん》を損《そこ》ねないようにする。もしもスポンサーが不祥事《ふしょうじ》を起こしても、ニュースは扱《あつか》わないか小さくなる。そんなことは珍《めずら》しいことじゃない。

テレビが視聴率《しちょうりつ》をこれほどに気にする理由も、この視聴率《しちょうりつ》が、企業《きぎょう》からもらう広告《こうこく》費《ひ》に換算《かんさん》されるからだ。

唯一《ゆいいつ》の例外《れいがい》はNHKだ。スポンサーはつけないからCMはない。だから視聴率《しちょうりつ》を気にする必要《ひつよう》はない。とても重要《じゅうよう》なテレビ局なのだ。これについては、第四章でもう少し詳《くわ》しく書く。今は先を急ごう。

テレビは多数派《たすうは》に抗《あらが》わない。なぜなら抗《あらが》えば、視聴率《しちょうりつ》が落ちるから

だ。テレビほどではないけれど、新聞や雑誌《ざっし》にもこの原理は働《はたら》いている。こうしてメディアを媒介《ばいかい》にしながら、多数派《たすうは》の主張《しゅちょう》や意見は雪だるま式にどんどん大きくなり、少数派《しょうすうは》の主張《しゅちょう》や意見は、急速に小さくなる。「何か変《へん》だな」と思っている人も、その思いを口にできなくなる。何度もメディアから同じ情報《じょうほう》を見たり聞いたりしているうちに、その「変《へん》だな」という意識《いしき》がどんどん薄《うす》くなってしまう。

ドイツがナチスの一党独裁《いっとうどくさい》になる過程《かてい》で、「それは危険《きけん》だ」と訴《うった》える人は、最初《さいしょ》の頃《ころ》はかなりいた。ユダヤ人を迫害《はくがい》したり、場合《ばあい》によっては虐殺《ぎゃくさつ》したりすることに、「同じ人間じゃないか」と反対する人もかなりいた。でもナチスの権力《けんりょく》が強くなると同時に、メディアによるプロパガンダでこれを支持《しじ》する人が急激《きゅうげき》に増《ふ》えてきて、そんな人たちは沈黙《ちんもく》した。あとはもう、暴走《ぼうそう》するばかりだった。社会学では、こんなメカニズムを「沈黙《ちんもく》の螺旋《らせん》」と言う。難《むずか》しい言葉だ。でも覚えておいて損《そん》はない。

メディアの矛盾《むじゅん》

ただし、主観《しゅかん》からは逃《のが》れられないのだと自覚《じかく》したうえで、できるかぎりは中立で、公正な位置《いち》を目指すことまで僕《ぼく》は否定《ひてい》しない。否定《ひてい》しないどころか、報道《ほうどう》はそうあるべきだと思う。でも実際《じっさい》には、これをきちんと自覚《じかく》したうえで日々の仕事をしている記者やディレクターは、僕《ぼく》の知っている範囲《はんい》では少数派《しょうすうは》だ。もちろん中には、必死《ひっし》に考えている人もいる。でもそういう人は、どちらかといえば出世できない。なぜなら視聴率《しちょうりつ》や部数を上げることだけに、どうしても一生懸命《いっしょうけんめい》になれないからだ。出世できるのは、そんなことはあまり考えずに、どうやったら視聴率《しちょうりつ》や部数が上がるだろうかと毎日考えているような人たちが多い。

悔《くや》しいけれど、これは大人の社会のリアルな現実《げんじつ》だ。

だからあなたには知ってほしい。メディアはそんな本質的《ほんしつてき》な矛盾《むじゅん》を抱《かか》えている。中立公正な報道《ほうどう》など、ありえない。必《かなら》ず人の意識《いしき》が反映《はんえい》されている。それをつねに意識《いしき》すること。つまり、自分が今目にしているテレビのニュースや今朝読んだ新聞の記事は、複雑《ふくざつ》な多面体の中のひとつの視点《してん》でしかないということ。これを忘れないようにしなければ、ニュースや記事がきっとこれまでとは違《ちが》って見えるはずだ。

第4章

真実《しんじつ》はひとつじゃない

だからあなたに覚《おぼ》えてほしい。事実は限《かぎ》りない多面体であること。メディアが提供《ていきょう》する断面《だんめん》は、あくまでもそのひとつでしかないということ。もしもあなたが現場《げんば》に行ったなら、全然《ぜんぜん》違《ちが》う世界が現《あらわ》れる可能性《かのうせい》はとても高いということを。

世界《せかい》をアレンジする方法《ほうほう》

映像《えいぞう》を編集《へんしゅう》するとき、音と映像《えいぞう》を分けて編集《へんしゅう》することがある。これを専門《せんもん》用語でインサート（挿入《そうにゅう》）という。難《むずか》しい技術《ぎじゅつ》じゃない。テレビや映画《えいが》の業界では、誰《だれ》もが当たり前のように使う手法《しゅほう》だ。そしてこの手法《しゅほう》を使えば、世界をいくらでもアレンジすることができる。場の雰囲気《ふんいき》を変《か》えることなど、とても簡単《かんたん》だ。

具体的《ぐたいてき》な例《れい》を挙《あ》げよう。たとえばあなたの学校の数学の授業《じゅぎょう》の様子を、テレビ局が撮《と》りにきたとする。

後日、その番組が放送される。学校の簡単《かんたん》な紹介《しょうかい》が終わったあと、教壇《きょうだん》で先生が、黒板に連立方程式《れんりつほうていしき》を板書しながら一生懸命《いっしょうけんめい》に喋《しゃべ》っているカットが映《うつ》る。

その先生のカットのあとに、先生の話を聞くあなたたちのカットがインサートされる。映像《えいぞう》はあなたたちの顔だけど、先生の話は続《つづ》いている。カットが変《か》わるときにも、先生の話が途切《とぎ》れたりはしない。なぜならこの場合《ばあい》、音は音だけでずっと切れ目を入れずに使っているからだ。この音をベースにして、教壇《きょうだん》に立つ先生の映像《えいぞう》と、音を消したあなたたちの表情《ひょうじょう》の映像《えいぞう》を交互《こうご》に繋《つな》ぐ。これをカットバックという。

　このとき、あなたたちのどんな表情《ひょうじょう》を使うかは、その映像《えいぞう》を編集《へんしゅう》する人の判断《はんだん》に任《まか》せられる。一生懸命《いっしょうけんめい》に頷《うなず》きながら聞いている映像《えいぞう》を使えば、とても熱心《ねっしん》な先生と、真《ま》面目《じめ》に授業《じゅぎょう》を受ける生徒《せいと》たちというシーンになる。でもあなたがたまたま欠伸《あくび》をかみ殺《ころ》していたり、隣《となり》の席《せき》の誰《だれ》かが一瞬《いっしゅん》だけ窓《まど》の外を眺《なが》めているような映像《えいぞう》を使えば、先生の熱心《ねっしん》さが空回りしている授業《じゅぎょう》というシーンになる。

　これがインサートだ。番組を注意して見れば、こんなシーンはいくらでもある。そしてそんな場合《ばあい》、場の雰囲気《ふんいき》をどう再現《さいげん》するかは、編《へん》集者《しゅうしゃ》の思いのままなのだ。一生懸命《いっしょうけんめい》に先生の話を聞いているあなたと、欠伸《あくび》をかみ殺《ころ》しているあなたは、どちらも授業中《じゅぎょうちゅう》のあなただ。どちら

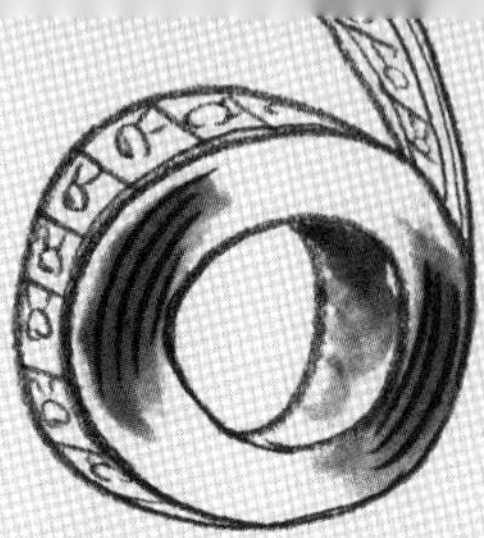

インサート

右はじの波線部分は音声にあたる。授業《じゅぎょう》をする先生の声はずっと通して流れているけど、どんなカットをインサートするかによって印象《いんしょう》はまったく違《ちが》うものになる。

も嘘《うそ》ではない。でもどちらをインサートに使うかで、授業《じゅぎょう》の印象《いんしょう》は大きく変《か》わる。いや、授業《じゅぎょう》だけじゃない。あなたへの印象《いんしょう》も、どちらを使うかでまったく変《か》わる。

メディアは最初《さいしょ》から嘘《うそ》だ

インサートは映像《えいぞう》の編集技術《へんしゅうぎじゅつ》のひとつの例《れい》だ。他《ほか》にもいろんな技術《ぎじゅつ》はある。とにかく、映像《えいぞう》はこのように「作られる」ものだということを、まずあなたには知ってほしい。たしかに事実の断片《だんぺん》を寄《よ》せ集《あつ》めてはいるけれど、できあがったものは事実とは微《び》妙《よう》に違《ちが》う。メディアが嘘《うそ》つきであると言っているわけじゃない。もっと正確《せいかく》にいえば、メディアは最初《さいしょ》から嘘《うそ》だと思っておいたほうがいい。だって授業中《じゅぎょうちゅう》にテレビカメラが教室にあれば、誰《だれ》だって緊張《きんちょう》する。誰《だれ》だって普段《ふだん》とは違《ちが》う言動をする。カメラが撮《と》れるものは、カメラの存《そん》在《ざい》によって変《か》わった現実《げんじつ》だ。ありのままではない。盗《ぬす》み撮《ど》りや監視《かんし》カ

メラの映像《えいぞう》は別《べつ》にして、カメラはそもそもありのままなど撮《と》れないのだ。

その嘘《うそ》を集めて、記者やディレクターが現場《げんば》で感じ取った真実を追究する。それがメディアのあるべき姿《すがた》だと僕《ぼく》は思っている。

だからメディアをすべて信《しん》じこんでしまうことも問題だけど、すべてを嘘《うそ》なのだと否定《ひてい》してしまうことも少し違《ちが》う。ほとんどの記者やディレクターは、そんな嘘《うそ》を集めながら、真実を描《えが》こうと懸命《けんめい》に頑張《がんば》っている。でも中には、頑張《がんば》っていない人もいる。あるいは頑張《がんば》る方向が、視聴率《しちょうりつ》や部数などの数字を高くすることに向かう人もいる。記者やディレクターが伝《つた》えようとする真実を、「客観性《きゃっかんせい》が足りない」とか「中立公正でない」などの理由で、つぶそうとするデスクやプロデューサーもいる。

テレビの「切り上げ」と「切り下げ」

第二章で僕《ぼく》は、0と1の例《れい》を挙《あ》げながら、メディアはわかりやすさを目指すと書いたよね。つまり四捨五入《ししゃごにゅう》。小数点のような微妙《びみょう》な数字は、視聴者《しちょうしゃ》からわかりづらいとそっぽを向かれる可能性《かのうせい》があるから、メディアはこの切り上げと切り下げを当たり前のようにやる。

この切り上げの場合《ばあい》が、よく問題になるヤラセ。ある村で雨乞《あまご》いの儀式《ぎしき》がある。ロケ隊《たい》はそれを撮《と》りに行ったのだけど、今年は雨が多かったからやらないという。でもそれじゃ困《こま》る。何をしに来たかわからない。だから村人に頼《たの》んで、雨乞《あまご》いの儀式《ぎしき》を特《とく》別《べつ》にやってもらう。つまり再現《さいげん》してもらう。だから撮影《さつえい》された雨乞《あまご》いの儀式《ぎしき》は、どんな衣装《いしょう》を着るかとかどんな場所でやるかとか参加《さんか》する村人は誰《だれ》かなどの情報《じょうほう》に加《くわ》えて、ロケ隊《たい》に頼《たの》まれてやったということも重要《じゅうよう》な情報《じょうほう》となる。これもそのまま提示《ていじ》すればよいと僕《ぼく》は思うのだけど、ほとんどの場合《ばあい》、頼《たの》んだ過《か》程《てい》を省略《しょうりゃく》してしまう。これは切り下げだ。

この切り上げと切り下げで、テレビ番組は作られる。番組だけじゃない。ドキュメンタリー映画《えいが》などといわれるジャンルや、新聞や雑誌《ざっし》

の記事などども、基本的には変わらない。

料理《りょうり》と一緒《いっしょ》。買《か》ってきたジャガイモやニンジンやたまねぎを、いきなり鍋《なべ》の中に入れて、まるごと煮《に》る人はまずいない。というか美味《おい》しくない。皮を剥《む》かなくてはならない。切り分けなければならない。たまねぎのヘタやじゃがいもの芽《め》は除《のぞ》かないと。面取りをする人もいるだろう。豚肉《ぶたにく》もロースの固《かた》まりのままでは食べづらい。切って脂身《あぶらみ》を削《けず》っておこう。次に油で炒《いた》める。塩《しお》コショーも忘《わす》れずに。チャツネやウコンなどの調味料《ちょうみりょう》を加《くわ》えれば、より本格的《ほんかくてき》な味になる。鍋《なべ》に水を入れて湯を沸《わ》かし炒《いた》めた材料《ざいりょう》を入れる。浮《う》いた油や灰汁《あく》はすくって取《と》り除《のぞ》いたほうが美味《おい》しい。カレールーを入れる。カレー粉《こ》と小麦粉《こむぎこ》を別《べつ》に炒《いた》めておいて入れる人もいる。こうしてカレーができる。皿にご飯《はん》を盛《も》ってカレーをかける。できあがったカレーライスを食べながら、ジャガイモやたまねぎの元の形がないと怒《おこ》る人はいないだろう。確《たし》かに素材《そざい》はジャガイモや玉ねぎやニンジンだけど、そのままでは料理《りょうり》にならない。

もちろんニュースの場合《ばあい》は、できるだけ素材《そざい》を切り刻《きざ》んだり調味料《ちょうみりょう》を使わないほうがいい。でもテレビの場合《ばあい》は時間が、そして新聞や雑誌《ざっし》の場合《ばあい》は文字数が、一定の量《りょう》に限《かぎ》られている。素材《そざい》をそのまま使っていては皿からはみ出してしまう。だから調理をしながら、いかに素材《そざい》の味を引き出すかが問題になる。でも中には、素材《そざい》の味などにあまり関心《かんしん》を持たずに、調味料《ちょうみりょう》ばかりを使う人がいる。確《たし》かに刺激的《しげきてき》でとりあえずは美味《おい》しいかもしれないけれど、でも素材《そざい》の本当の味はどこにもない。そこにあるのは、みんながジャガイモやニンジンらしいと思う味なのだ。

「真実」はひとつ?

「森《もり》さんはヤラセをやったことはありますか?」と時おり訊《たず》ねられる。そんなとき僕《ぼく》は、その質問《しつもん》をした人が、どんな意味でヤラセという言葉を使ったのかを聞き返すようにしている。

事実にないことを捏造《ねつぞう》する。これがヤラセだ。事実は確《たし》かにある。

でもその事実をそのまま皿に乗せても食べづらい。だからみんなが喜《よろこ》んで食べてくれるように調理をする。これは演出《えんしゅつ》だ。

ヤラセと演出《えんしゅつ》のあいだは、実はとても曖昧《あいまい》でわかりづらい。そんなに単純《たんじゅん》な問題じゃない。でもひとつだけ言えることは、自分が現場《げんば》で感じとった真実は、絶対《ぜったい》に曲げてはならないということだ。

「たったひとつの真実を追究します。」

こんな台詞《せりふ》を口にするメディア関係者《かんけいしゃ》がもしいたら、あまりその人の言うことは信《しん》用《よう》しないほうがいい。確《たし》かに台詞《せりふ》としてはとても格好《かっこう》いい。でもね、この人は決定的《てき》な間違《まちが》いをおかしている。そして自分がその間違《まちが》いをおかしていることに気づいていない。

真実はひとつじゃないと言ったら、あなたは驚《おどろ》くだろうか。でもそうなんだ。事実は確《たし》かにひとつだよ。ここに誰《だれ》かがいる。誰《だれ》かが何かを言う。その言葉を聞いた誰《だれ》かが何かをする。たとえばここまでは事実。でもこの事実も、どこから見るかで全然違《ぜんぜんちが》う。つまり視点《してん》。思いだしてほしい。事実は、限《かぎ》りなく多面体なのだ。

「事実」はひとつ？

あなたのクラスの授業《じゅぎょう》。カメラをどこに置《お》くかで見えるものはまったく違《ちが》う。先生の立っている場所にカメラを置《お》く場合《ばあい》と、クラスの問題児《もんだいじ》の席《せき》のすぐ傍《そば》にカメラを置《お》く場合《ばあい》とで、世界はまったく変《か》わる。世界は無限《むげん》に多面体だ。

これが事実。現象《げんしょう》や事件《じけん》。物事にはいろんな側面《そくめん》がある。あなたが今日、夕《ゆう》ご飯《はん》を食べながら、「最近《さいきん》あまり勉強していないんじゃない？」とお母さんに言われて、思わず口答えをしてしまったとする。口答えの理由は何だろう？

ある人は、「あの子は最近《さいきん》お母さんが口うるさいと思っていらいらしていたんだよ」と言う。また別《べつ》の人は、「自分ではやっているつもりだったから、お母さんはわかってないと思ったんだ」と言う。またもうひとりの人は、「実は最近《さいきん》、自分でも確《たし》かに勉強時間が足りないと思っていたので、痛《いた》いところを突《つ》かれてつい反抗《はんこう》してしまったんだよ」と言う。「別《べつ》の心配事があってそれが気になっていて、思わず口答えしてしまったのさ」と説明《せつめい》する人もいるかもしれない。

あなたの本当の心情《しんじょう》は僕《ぼく》にはわからないけれど、でもどれかひとつだけが正解《せいかい》で、あとは全部間違《まちが》っているということはないんじゃないかな。事件《じけん》や現象《げんしょう》は、いろんな要素《ようそ》が複雑《ふくざつ》にからみあってできている。どこから見るかで全然違《ぜんぜんちが》う。

その複雑《ふくざつ》な多面体が事実。でもこれを正確《せいかく》に伝《つた》えることなどできない。だからメディアはどれか一点の視点《してん》から報道《ほうどう》する。それは現場《げんば》に行った記者やディレクターにしてみれば、事実ではないけれど、彼《かれ》や彼女《かのじょ》の真実なのだ。

視点《してん》を変《か》えれば、また違《ちが》う世界が現《あらわ》れる。視点《してん》は人それぞれで違《ちが》う。だから本当は、もっといろんな角度からの視点《してん》をメディアは呈示《ていじ》するべきなのだ。いや、呈示《ていじ》されるはずなのだ。

でも不思議《ふしぎ》なことに、ある事件《じけん》や現象《げんしょう》に対して、メディアの論調《ろんちょう》は横並《よこなら》びにとても似《に》てしまう。なぜならその視点《してん》が、最《もっと》も視聴者《しちょうしゃ》や読者に支持《しじ》されるからだ。

だからあなたに覚《おぼ》えてほしい。事実は限《かぎ》りない多面体であること。メディアが提供《ていきょう》する断面《だんめん》は、あくまでもそのひとつでしかないということ。もしも自分が現場《げんば》に行ったなら、全然違《ぜんぜんちが》う世界が現《あらわ》れる可能性《かのうせい》はとても高いということ。

タマちゃんのうしろに消えるもの

自分が現場《げんば》で感じた視点《してん》に対して、記者やディレクターは、絶対《ぜったい》に誠実《せいじつ》であるべきだ。なぜならそれが、彼《かれ》が知ることができる唯一《ゆいいつ》の真

実なのだから。でも現実《げんじつ》はそうじゃない。

オウムの信者《しんじゃ》たちが、とても善良《ぜんりょう》で気弱で純粋《じゅんすい》であることは、現場《げんば》で取材《しゅざい》をしている記者やディレクターのうち、大半の人は気づいていたはずだ。でも彼《かれ》らはそう報道《ほうどう》はしなかった。もしもそう報道《ほうどう》したら、抗議《こうぎ》が殺到《さっとう》していただろう。視聴率《しちょうりつ》や部数が下がる可能性《かのうせい》も確《たし》かにある。スポンサー企業《きぎょう》の担当者《たんとうしゃ》だって、「何であんな報道《ほうどう》をしたのですか」と怒《おこ》るかもしれない。

それと、大きな組織《そしき》の場合《ばあい》、実際《じっさい》には現場《げんば》を知らない人が大きな権限《けんげん》を持っていることが普通《ふつう》だ。そんな人たちは、現場《げんば》は実は違《ちが》いますと言っても、なかなか承諾《しょうだく》してくれない。

あなたも覚《おぼ》えているかもしれないけれど、二〇〇二年にゴマヒゲアザラシのタマちゃんが、大きな話題になった。ゴマヒゲアザラシは、別《べつ》に珍《めずら》しい動物じゃない。水族館に行けばいくらでもいる。でもあの時、日本中《にほんじゅう》がタマちゃんに熱狂《ねっきょう》して、写真集が出版《しゅっぱん》されたり、テレビ番組が作られたり、行政《ぎょうせい》は住民登録《じゅうみんとうろく》をしようなどとバカなことを言い出したりした。

現場《げんば》に毎日来ていたメディアの人たちは、内心はバカバカしいと思っていた。でもそれは言えない。だってタマちゃんをニュースに出せば、視聴率《しちょうりつ》が上がるのだ。

こうしてテレビは、毎日のようにタマちゃんを大きく扱《あつか》った。

それ自体はいい。バカバカしいけれど、文句《もんく》は言わない。でも問題は、タマちゃんのニュースが長々と報道《ほうどう》されることで、番組全体の残《のこ》り時間が少なくなり、もっと伝《つた》えねばならないこと、もっと大事なニュースが、消えてしまうことなんだ。

間違《まちが》いは強引《ごういん》に作られる

切り上げと切り下げは、小数点以下《いか》の数字で決めるよね。1・5以《い》上《じょう》は2。1・4は1。切り上げや切り下げは、メディアの宿命でもある。だからそれがある一定のルール、つまり四捨五入《ししゃごにゅう》の法則《ほうそく》にきちん

と従《したが》っているのなら、見方を変《か》えればそれほど悪質《あくしつ》ではないといえるかもしれない。

ところが実のところ、7・6でも7にしてしまう場合《ばあい》がある。あるいは、5・3でも6にしてしまう場合《ばあい》がある。とても強引《ごういん》な切り上げや切り下げだ。

この場合《ばあい》、見ているほうは、もちろんもとの数字はわからない。こうして間違《まちが》った世界観《せかいかん》が作られる。しかもテレビの場合《ばあい》、見る人の数は圧倒的《あっとうてき》に多い。その影響力《えいきょうりょく》は凄《すさ》まじい。こうして民意《みんい》という多数派《たすうは》が作られる。政治《せいじ》もこの民意《みんい》には敵《かな》わない。なぜなら民意《みんい》を敵《てき》に回すと、政治家《せいじか》は次の選挙《せんきょ》で落選《らくせん》するかもしれないからだ。こうして国の方針《ほうしん》が決まる。間違《まちが》った世界観《せかいかん》で作られた方針《ほうしん》だ。でも誰《だれ》も間違《まちが》っているとは気づかない。気づくのは、いつも事が終わってからだ。かつてのドイツのように。かつてのこの国のように。今の北朝鮮《きたちょうせん》のように。

市場原理とメディアの関係《かんけい》

なぜ四捨五入《ししゃごにゅう》の法則《ほうそく》が働《はたら》かないときがあるのだろう。政治家《せいじか》やスポンサーからの圧力《あつりょく》の場合《ばあい》もある。抗議《こうぎ》を恐《おそ》れるときもある。でも最大《さいだい》の理由は、無理《むり》な切り上げや切り下げをしたほうが、視聴率《しちょうりつ》や部数が上がる場合《ばあい》があるからだ。

第二次世界大戦《だいにじせかいたいせん》が始まる前、中国に日本の軍隊《ぐんたい》が侵攻《しんこう》したころ、当時の新聞が戦争《せんそう》を肯定《こうてい》する記事を書いて、軍部《ぐんぶ》が力をつけることに大きな役割《やくわり》を果《は》たしたことは第二章で書いた。要《よう》するに新聞は、政府《せいふ》や軍部《ぐんぶ》のプロパガンダのためのメディアになってしまった。

この理由を、軍部《ぐんぶ》からの弾圧《だんあつ》があったからだと説明《せつめい》する人がたまにいる。でも実際《じっさい》はそうじゃない。当時の日本の大手新聞は、大阪朝日《おおさかあさひ》新聞《しんぶん》と東京日日《とうきょうにちにち》（今の毎日）新聞《しんぶん》だった。両方とも（特に朝日《あさひ》は）、最初《さいしょ》は軍部《ぐんぶ》の大陸進出《たいりくしんしゅつ》や拡大方針《かくだいほうしん》に対しては、どちらかといえば消極的《しょうきょくてき》だった。でもそんな報道《ほうどう》を続《つづ》けるうちに、部数がだんだん下がってきた。

そこで日日新聞《にちにちしんぶん》が、少しだけ路線を変《か》えて、ちょっとだけ勇《いさ》ましい記事を書いた。そうしたら部数は急激《きゅうげき》に上昇《じょうしょう》した。あわてたのは朝日新聞だ。こちらも少しだけ路線を変《か》えた。中国で戦《たたか》う兵士《へいし》たちの勇《いさ》ましい様子を記事にした。そうしたらまた部数が上がった。これはまずいと日日《にちにち》はあわてた。ならばもっと勇《いさ》ましい記事を書け。こうしていつのまにか、ふたつの新聞は競争《きょうそう》して、戦争《せんそう》を応援《おうえん》して鼓舞《こぶ》するような記事ばかりを掲載《けいさい》するようになった。戦争《せんそう》を応援《おうえん》する人が新聞社《しんぶんしゃ》に抗議《こうぎ》に押《お》しかけたり、そんな要素《ようそ》もたくさんあったけれど、大きくはこの競争原理《きょうそうげんり》が働《はたら》いて、新聞《しんぶん》はどんどん変わっていった。この頃《ころ》に、読売新聞《よみうりしんぶん》もこの競争《きょうそう》に参入《さんにゅう》してきた。読売《よみうり》はもっと勇《いさ》ましかった。部数が伸《の》びた。朝日と日日《にちにち》はあわてた。もっと勇《いさ》ましい記事を書いた。

そうして新聞《しんぶん》に掲載《けいさい》された勇《いさ》ましい記事によって刺激《しげき》された国民《こくみん》の大きな支持《しじ》を受け、軍部《ぐんぶ》はますます力をつけ、メディアに対して弾圧《だんあつ》を始める。最初《さいしょ》から弾圧《だんあつ》があったわけじゃない。新聞の部《ぶ》数競争《すうきょうそう》の結果《けっか》、気がついたら軍部《ぐんぶ》は大きな力をつけていた。あとはもうどうしようもない。戦争中《せんそうちゅう》のメディアは、大本営発表《だいほんえいはっぴょう》という軍部《ぐんぶ》のプロパガンダそのものだった。戦果《せんか》の大半は嘘《うそ》。だから国民《こくみん》の大多数は、天皇《てんのう》がラジオで敗《はい》戦《せん》を発表するまで、勝《か》ち戦《いくさ》だと信《しん》じていた。

日本は資本主義社会《しほんしゅぎしゃかい》だ。だから自由競争《じゆうきょうそう》が原則《げんそく》。これを市場原理という。でもこの市場原理が、メディアをひとつの方向に導《みちび》くことはとても多い。オウムを極悪集団《ごくあくしゅうだん》と決めつけるのも、タマちゃんに大騒《おおさわ》ぎするのも、事件《じけん》の加害者《かがいしゃ》はとにかく悪い奴《やつ》で被害者《ひがいしゃ》は可哀想《かわいそう》と大合唱《だいがっしょう》が始まるのも、実は全部、この市場原理の結果《けっか》なのだ。

間違《まちが》いを望《のぞ》むのはだれ？

ここで最後《さいご》の質問《しつもん》。この市場原理を作っている人は誰《だれ》だろう？

ゆっくり考えよう。とても大事なことだ。

わかった？　わかったよね。でも一応《いちおう》答えを書くよ。

それは僕《ぼく》であり、あなたである。

僕《ぼく》やあなたを含《ふく》めての視聴者《しちょうしゃ》や購読者《こうどくしゃ》が、市場原理の主体となる。僕《ぼく》らが戦争《せんそう》を望《のぞ》まなければ、メディアも戦争《せんそう》を翼賛《よくさん》するような書き方はしなくなる。僕《ぼく》らがタマちゃんのことを、「確《たし》かに愛《あい》らしいけれど、でも世の中にはもっと大事なことがあるはずだ」と考えれば、メディアもあんなバカ騒《さわ》ぎはしなくなる。

世の中の動きに逆《さか》らってでも真実を追究しろと、僕《ぼく》も本音《ほんね》ではメディアに言いたい。でも同時に、それがとても難《むずか》しいことも知っている。テレビの場合《ばあい》、この市場原理から解《と》き放たれることを約束《やくそく》されたのが、公共放送《こうきょうほうそう》であるＮＨＫだ。

でも今のＮＨＫは、確《たし》かに視聴率《しちょうりつ》は民放《みんぽう》ほどには気にしていないけれど、その代わり、政府《せいふ》の意向をとても気にするようになってしまった。これでは困《こま》る。独裁《どくさい》国家の国営放送《こくえいほうそう》になってしまう。時には政府《せいふ》をちゃんと批判《ひはん》してほしいのだけど、今のＮＨＫは、なかなかそれができない組織《そしき》になってしまった。

でもだからといって、なくなってしまったら困《こま》る。誰《だれ》が困《こま》るのか？　ＮＨＫの職員《しょくいん》だけじゃない。本当に困《こま》るのは僕《ぼく》たちだ。

僕《ぼく》らの欲望《よくぼう》にメディアは応《こた》える

かつてテレビの仕事をしていた頃《ころ》、初《はじ》めて会う人によく言われた。

「どうして今のテレビはあんなに下らないんですか。特《とく》にゴールデンタイム。バカバカしいバラエティばかりじゃないですか。ニュースだってワイドショーと見分けがつかない。もう少しちゃんとした番組を

やってくださいよ」

何も言い返せない。僕《ぼく》は項垂《うなだ》れるばかり。でも本当は言い返したいことはある。テレビ業界の中にも、良質《りょうしつ》な番組を作りたいと願《ねが》う人はおおぜいいる。でもゴールデンタイムでそんな番組を放送しても、視聴率《しちょうりつ》は間違《まちが》いなく低迷《ていめい》する。だから消えてしまう。その視聴率《しちょうりつ》を決めているのは、テレビを見ているあなたであり、僕《ぼく》なのだ。

もう一度書くよ。僕《ぼく》たちはメディアから情報《じょうほう》を受け取る。そして世界観《せかいかん》を作る。でもそのメディアの情報《じょうほう》に、大きな影響力《えいきょうりょく》を与《あた》えているのも僕《ぼく》たちだ。メディアが何でもかんでも四捨五入《ししゃごにゅう》してしまうのも、その四捨五入《ししゃごにゅう》がときには歪《ゆが》むのも、実際《じっさい》の物事を誇張《こちょう》するのも、ときには隠《かく》してしまうのも、(すべてとは言わないけれど)僕《ぼく》たち一人ひとりの無意識《むいしき》な欲望《よくぼう》や、すっきりしたいという衝動《しょうどう》や、誰《だれ》かわかりやすい答えを教えてくれという願望《がんぼう》に、メディアが忠実《ちゅうじつ》に応《こた》えようとした結果《けっか》なのだ。

メディアは人を殺《ころ》す

二〇世紀《せいき》前半、メディアは大きな間違《まちが》いの潤滑油《じゅんかつゆ》となった。でもこれは過去形《かこけい》ではない。今も続《つづ》いている。一九九四年、第一章で書いた松本《まつもと》サリン事件《じけん》が起きた年、アフリカのルワンダで大規模《だいきぼ》な虐殺《ぎゃくさつ》があった。民族《みんぞく》も宗教《しゅうきょう》も言語も同じであるはずのツチ族の人々を、フツ族の人々が手当たりしだいに殺《ころ》し始めた。虐殺《ぎゃくさつ》された人の数の推《すい》定《てい》は五十万人から百万人。

原因《げんいん》はもちろんひとつじゃない。事象《じしょう》や現象《げんしょう》は多面的《ためんてき》だ。いろんな要因《よういん》が働《はたら》いている。でも虐殺《ぎゃくさつ》が終了《しゅうりょう》したあとの調査《ちょうさ》で、主にフツ族がよく聴《き》いていたラジオが、「ツチ族は危険《きけん》だ。やられる前にやらねばならない」式の放送を繰《く》り返《かえ》していたことが、この悲惨《ひさん》な蛮行《ばんこう》の大きな要因《よういん》になったことが判明《はんめい》した。発展途上国《はってんとじょうこく》のルワンダでは、ラジオ

が大きな影響力《えいきょうりょく》を持つメディアだったのだ。

ナチスの最高幹部《さいこうかんぶ》だったゲーリングが、戦争《せんそう》を起こすときには「危機《きき》を煽《あお》ればいい」と証言《しょうげん》したことは第二章で書いた。もちろん戦争《せんそう》を起こしたいと考える指導者《しどうしゃ》がメディアを利用《りよう》する場合《ばあい》もあるけれど、メディアはそもそも、不安や危機《きき》を煽《あお》ることがとても得意《とくい》な媒体《ばいたい》だ。なぜかわかるよね。そのほうが視聴率《しちょうりつ》や部数は上がるからだ。

僕《ぼく》らも世界も変化《へんか》する

時おり僕《ぼく》は、人類《じんるい》は何で滅《ほろ》ぶのだろうかと考える。

①宇宙人《うちゅうじん》の襲来《しゅうらい》
②隕石《いんせき》の落下
③氷河期《ひょうがき》

あなたはどう思う？　正解《せいかい》はもちろんわからない。わからないけれど、僕《ぼく》は時々、人類《じんるい》は進化しすぎたメディアによって滅《ほろ》ぶのじゃないかと考えている。杞憂《きゆう》であってほしい。それに仮《かり》にメディアが危険《きけん》な存在《そんざい》であっても、もう人類《じんるい》はこれを手放せない。水や空気と同じように、メディアはそこにあって当然《とうぜん》なものになってしまった。

この本のいちばん最初《さいしょ》に、僕《ぼく》はステレオタイプの話をしたね。覚《おぼ》えている？　日本語にすれば「型《かた》」や「類型《るいけい》」。実際《じっさい》にはとてもいろんな要素《ようそ》があるのに、いちばんイメージしやすい要素《ようそ》だけが標準《ひょうじゅん》であるかのように錯覚《さっかく》され、やがてそれがすべてであるかのように思《おも》い込《こ》まれてしまうことをいう。

アフリカという言葉を聞いて、ジャングルや狩《かり》をする現地人などのイメージをもしあなたが持つのなら、それはまさしくステレオタイプだ。アフリカにはジャングルだけじゃなくて砂漠《さばく》もある。田舎《いなか》もあれ

ば都市もある。伝統的《でんとうてき》な生活をする人たちもいるけれど、都会ではスーツを着こなしたサラリーマンたちが、携帯電話《けいたいでんわ》を片手《かたて》に忙《いそが》しく働《はたら》いている。

世界中《せかいじゅう》の人々の世界観《せかいかん》は、さまざまなステレオタイプで成《な》り立《た》っている。あなただけじゃない。いまだに日本に対しては、男はみんな眼鏡《めがね》をしてカメラを首から下げているとか、女の人は日本髪《にほんがみ》を結《ゆ》って和服を着ていると思《おも》いこんでいる人たちが、世界にはおおぜいいる。

そんな世界観《せかいかん》は間違《まちが》っているだけじゃなくて、「彼《かれ》らは自分たちとは違《ちが》う」という意識《いしき》を、必要以上《ひつよういじょう》に強く人々に与《あた》えてしまう。

アフリカの人たちもパソコンを使う。携帯電話《けいたいでんわ》だって普通《ふつう》に普及《ふきゅう》している。もちろん地域《ちいき》や人によって差《さ》はある。でもそれは日本も一緒《いっしょ》。笑《わら》ったり泣《な》いたり愚痴《ぐち》を言ったり、誰《だれ》かを愛《あい》したり愛《あい》されたり裏切《うらぎ》ったり裏切《うらぎ》られたり、絶望《ぜつぼう》してそしてまた希望《きぼう》を持って親を愛《あい》し子供《こども》を愛《あい》し、そんな人々の営《いとな》みは世界中一緒《せかいじゅういっしょ》。言葉や宗教《しゅうきょう》や民族《みんぞく》が違《ちが》っても、人の体温は世界中《せかいじゅう》みんな同じであることが示《しめ》すように、中身はほとんど変《か》わらない。

ところが極端《きょくたん》なステレオタイプは、人を記号にしてしまう。喜《よろこ》びや悲しみや苦しみという感情《かんじょう》を自分と同じように持つ存在《そんざい》としてではなく、ひとつの括《くく》りにしてしまう。かつてメディアが今のように発達《はったつ》していなかったころ、そんなステレオタイプが世界を覆《おお》っていた。だから植民地主義《しょくみんちしゅぎ》があった。だから奴隷制度《どれいせいど》があった。だから戦争《せんそう》があった。だから虐殺《ぎゃくさつ》があった。

メディアが発達《はったつ》すれば、そんなステレオタイプは消えてしまうはずだと昔の人は思っていた。メディアはこの世界から、戦争《せんそう》や虐殺《ぎゃくさつ》や飢餓《きが》をなくすはずだと信《しん》じていた。

確《たし》かにメディアは急速に進化した。僕《ぼく》たちは自分の部屋から一歩も出ることなく、世界のいろんなことを知ることができるようになった。でもここに考《かんが》え違《ちが》いがあった。メディアの量《りょう》はかつてとは比《くら》べものにならないくらいに増《ふ》えたけれど、それを受け取る人の時間は、一日二十四時間で昔と変《か》わらない。だからメディアは、いろんな現象《げんしょう》や事件《じけん》

を、効率《こうりつ》のよい情報《じょうほう》にまとめだした。つまり簡略化《かんりゃくか》。この過程《かてい》で、いろんな地域《ちいき》、国、組織《そしき》に属《ぞく》する人たちが、またステレオタイプに押《お》し込《こ》まれた。

これでは何も変《か》わらない。いや変《か》わらないどころか、情報《じょうほう》をわかりやすく簡略化《かんりゃくか》する競争《きょうそう》に巻《ま》き込《こ》まれたメディアは、このステレオタイプを世界中《せかいじゅう》に撒《ま》き散《ち》らす。だから戦争《せんそう》はなくならなかった。新しい脅威《きょうい》としてテロも生まれた。不安《ふあん》と恐怖《きょうふ》はメディアを通して世界中《せかいじゅう》に広がった。

そんなメディアなどなくてもいい。あなたはそう思うかもしれない。僕《ぼく》も時おりそう思う。でももう一度書くけれど、メディアは水や空気のように、道路や橋のように、僕《ぼく》たちの生活にとって、なくてはならない存在《そんざい》になってしまった。今さら手放せない。

そして何よりも、ステレオタイプを壊《こわ》してくれる可能性《かのうせい》を持つのもメディアなのだ。人が憎《にく》み合《あ》い、傷《きず》つけ合《あ》うばかりのこの世界を、大きく変《か》えてくれる可能性《かのうせい》を持つのもメディアなのだ。

だからリテラシーは重要《じゅうよう》だ。正しくメディアを見たり聞いたり読んだりすることは、この世界について、正しく思うことと同じ意味だ。そのうえで考える。自分は何をしたいのか。世界はどうあるべきなのか。何が正しいのか。何が間違《まちが》っているのか。僕《ぼく》たちがリテラシーを身につければ、きっとメディアも変《か》わる。変《か》わったメディアによって、僕《ぼく》たちはもっと変《か》わる。そうすればきっと、世界は今よりはいい方向に進む。

世界は複雑《ふくざつ》で多面的《ためんてき》だ

この三月、僕《ぼく》は久《ひさ》しぶりにテレビの仕事をした。メディア・リテラシーをテーマにした番組を作った。もしも嘘《うそ》をつく気になれば、テレビはいくらでも嘘《うそ》をつけるということをテーマにした。でも本当は、これだけでは半分しか語っていない。残《のこ》りの半分は、嘘《うそ》をつく気がなくても嘘《うそ》をついてしまう場合《ばあい》があるということだ。

テレビだけではない。メディアはすべて、事実と嘘《うそ》の境界線《きょうかいせん》の上にいる。それをまず知ろう。そのうえでメディアを利用《りよう》しよう。NHKのニュースや新聞は間違《まちが》えないというレベルの思《おも》い込《こ》みは捨《す》てよう。でも、メディアは嘘《うそ》ばかりついているとの思《おも》い込《こ》みもちょっと違《ちが》う。人が人に伝達《でんたつ》する。その段階《だんかい》でどうしても嘘《うそ》は混《ま》じる。でもこの嘘《うそ》の集積《しゅうせき》が、真実になることもある。それがメディア。だから何でもかんでも疑《うたが》えばいいってものでもない。

大切なのは、世界は多面体であるということ。とても複雑《ふくざつ》であるということ。そんな簡単《かんたん》に伝《つた》えられないものであるということ。でもだからこそ、豊《ゆた》かなのだということだ。

これは断言《だんげん》するよ。僕《ぼく》は断言《だんげん》することが苦手なのだけど、でもこの世界は、意外に見くびったもんじゃない。憎悪《ぞうお》や殺《ころ》し合《あ》いや報復《ほうふく》はいまだに絶《た》えないけれど、でもあきらめることはない。未来《みらい》を信《しん》じよう。そしてそのためにも、メディアをうまく使おう。

この本はここで終わり。でもこの本に書かれた内容《ないよう》はこれから始まる。でも、始まるかどうかはあなた次第《しだい》。僕《ぼく》の役目はここまで。あとはあなたにバトンを渡《わた》す。

あとがき

僕《ぼく》の妻《つま》は小学校に入ったばかりの頃、テストで太陽は東西南北のうちどこから出てどこへ沈《しず》むかという問題を出されて、

「西から昇《のぼ》って東へ沈《しず》む」

と書いたそうだ。もちろんペケ。納得《なっとく》できない彼女《かのじょ》は、テストを手に先生に、「私は間《ま》違《ちが》えていません」と言った。

「間《ま》違《ちが》っているよ。太陽は東から出て西へ沈《しず》むんだよ」

「違《ちが》います。テレビでちゃんと西から昇《のぼ》って東へ沈《しず》むと言っていました」

妻《つま》がそう言いきった根拠《こんきょ》は、その頃《ころ》テレビで放送されていたアニメ「天才《てんさい》バカボン」の

テーマソングだ。

西から昇《のぼ》ったおひさまが
東へ沈《しず》む
これでいいのだ
これでいいのだ

この歌を聴《き》いた彼女《かのじょ》は、これをそのまま信《しん》じ込んだ。頭を抱える先生に、「テレビが嘘《うそ》をつくはずはありません」と言い返したらしい。

まあこの例《れい》は極端《きょくたん》だけど、でも僕《ぼく》たちは、知らず知らずのうちに、いろんなメディアからたくさんの影響《えいきょう》を受けている。

本文でも少しだけ触《ふ》れたけれど、とても重要《じゅうよう》な歴史《れきし》的事実《てきじじつ》だからもう一度書くよ。一九九四年、アフリカのルワンダという小さな国で、多数派のフツ族が少数派のツチ族を虐殺《ぎゃくさつ》した。犠牲者《ぎせいしゃ》の数は百万人近いと言われている。十人の国民のうち一人が殺された計算だ。フツ族とツチ族は、同じ民族《みんぞく》だ。住んでいる地域《ちいき》も離《はな》れているわけじゃない。だから昨日までのご近所同士や、親戚同士《しんせきどうし》が殺し合った。この虐殺《ぎゃくさつ》の直接《ちょくせつ》のきっかけのひとつは、フツ族がよく聴《き》いていたラジオ番組が、「ツチ族からの攻撃《こうげき》が始まる」とか「ツチ族はゴキブリのように有害《ゆうがい》なやつらだ」などの放送を、何度も繰《く》り返《かえ》していたからだ。このままでは自分や家族が殺《ころ》されると思い込んでしまったフツ族の人たちは、畑仕事に使っていた鍬《くわ》や鋤《すき》を手にして、ツチ族の人たちを殺《ころ》し始めた。

まだまだ貧《まず》しい国であるルワンダでは、ラジオが国民的《こくみんてき》なメディアだった。結果《けっか》としてそのラジオによって、百万人近い人たちが、何の理由もなく殺《ころ》された。もしもラジオよりもっと影響力《えいきょうりょく》の強いテレビが普及《ふきゅう》していたら、そしてそのテレビが、このときのラジオのような放送をしていたら、いったいどれほどの人が死んだだろう。

このルワンダの悲劇《ひげき》と、天才バカボンのテーマソングを信《しん》じることとは、もちろん同じレベルの話じゃない。でも原理は同じ。メディアはとても大切なものだけど、使いかたを間《ま》違《ちが》えると取り返しのつかないことになる。これまでにもたくさんの人たちが、そうやって後悔《こうかい》しながら泣《な》いてきた。

泣《な》いたって死んだ人は帰ってこない。同じ過《あやま》ちをくりかえす人はバカだ。そして大人は、あなたが思うよりはずっとバカだ。

その理由のひとつは、歴史《れきし》を記憶《きおく》しないからだ。ひどい目にあった人たちは忘《わす》れない。でもやがて世代は代わる。そして記憶《きおく》も風化する。

でもそろそろ、このくりかえしはお終《しま》いにしなくちゃ。

メディアはとても進化した。そのぶんだけ被害《ひがい》の規模《きぼ》は大きくなる。たぶん半世紀前とは比《くら》べものにならないことになる。だからもう本当に、そろそろお終《しま》い。

忘《わす》れないこと。知ること。見ること。聴《き》くこと。

そのためには何が必要か？　もうわかるよね。メディアが必要《ひつよう》だ。だからメディアを正しく使おう。あなたたちは大人《おとな》の予備軍《よびぐん》だ。あっというまだよ。すぐに大人《おとな》になる。誰《だれ》かが答《こた》えを教えてくれる時期は終わる。自分で考えて、自分で決めて、自分で動かなくてはならなくなる。そのときにまた、同じ過《あやま》ちをくりかえすかどうかは、メディアの使いかたにかかっている。

まだ戦争《せんそう》はなくならない。虐殺《ぎゃくさつ》もなくならない。飢餓《きが》や不平等《ふびょうどう》も終わらない。そう簡単《かんたん》には終わらない。でもあきらめない。大丈夫《だいじょうぶ》。メディアを正しく使えば、あなたたちはきっと、僕《ぼく》たちより賢《かしこ》くなるはずだから。

二〇〇六年十月二十八日　　森 達也

新版のための増補

あなたが変わるとき、メディアも変わる

この書籍の親本である『世界を信じるためのメソッド——ぼくらの時代のメディア・リテラシー』が刊行されたのは二〇一一年だ。それから現在まで一三年が過ぎた。

メディアについて本質的で普遍的《ふへんてき》なことを書いているつもりだ。でもさすがに一三年は長い。本文で使った松本サリン事件の河野さん犯人視問題やイラク戦争におけるメディアの誘導《ゆうどう》や誤報《ごほう》などのエピソードは、特にあなたの世代ならば、何のことやらよくわからないかもしれない。

だから増補を書く。つまり今の時制で付け足すこと。ただし基本的には本文で書いたことと変わらない。でもできるだけ新しいエピソードに触れながら、少しだけ目先を変える。

つい最近の大きなトピックで言えば、二〇二四年一〇月に行われた第五〇回衆議院選挙《しゅうぎいんせんきょ》だ。岸田《きしだ》文雄《ふみお》から石破《いしば》茂《しげる》に総理が代わったばかりの自民党が大きく票を減らし、公明党と連立しても過半数に届かなかった。がっくりと肩を落とす自民党の政治家や喜びの表情でインタビューに答える野党の党首たちの映像は、きっとあなたもニュースなどで見ているはずだ。

自民党が大きく議席を減らした要因のひとつは、所属《しよぞく》する政治家たちの多くが派閥《はばつ》の政治資金パーティーを巡《めぐ》る裏金事件《うらがねじけん》に関与《かんよ》していたことが明らかになったからだ。つまり公金を私利私欲《しりしよく》のために使っていた可能性がある。

そしてもうひとつ、霊感商法《れいかんしようほう》や高額献金《こうがくけんきん》などで多くの被害者が声をあげて社会問題となっていた新宗教の世界平和統一家庭連合《せかいへいわとういつかていれんごう》（旧統一教会）から、自民党の議員の多くが選挙協力などを長年にわたって受けており、その見返りとして行事やパーティーなどに顔を出して信者獲得《かくとく》に協力していたことが明らかになったからだ。

裏金問題と旧統一教会問題。この二つには一つの共通項《きようつうこう》がある。テレビや新聞など多くのメディア関係者は、この問題について、もう何年も前から何となく知ってはいたが（だってジャーナリストではない僕ですら何となくは知っていた）、自分たちが所属する媒体で大きな記事やニュースにすることはなく、外圧的《がいあつてき》な衝撃《しようげき》があったことでようやく報道が始まったことだ。

ちなみに旧統一教会問題と同じころにやはり大きなニュースとなったジャニーズ事務所における性加害問題についても、多くのメディア関係者はやはり以前から知ってはいたが沈黙《ちんもく》を続け（問題を正面から告発《こくはつ》した「週刊文春」がジャニーズ事務所から訴訟《そしよう》を起こされる事態も起きていた）、イギリスの公共放送であるBBCが制作したドキュメンタリー「J－POPの捕食者《ほしよくしや》：秘められたスキャンダル」が全世界に向けて公開されたことで本格的な報道が始まったという意味では同様だ。

統一教会問題については安倍首相暗殺《あんさつ》の実行犯が供述した動機《どうき》（母親が統一教会の信者となって家庭がめちゃくちゃになり、安倍首相など自民党の政治家たちが教会を応援していたことで報復《ほうふく》を考えた）が公開されたこと、そして裏金問題については、まずは共産党の機関紙《きかんし》である「しんぶん赤旗」が、自民党の派閥などが主催した政治資金パーティーの収益《しゅうえき》の一部を政治資金収支報告書《せいじしきんしゅうしほうこくしょ》に記載《きさい》をしていなかった（あるいは過少《かしょう》に報告していた）問題を独自調査《どくじちょうさ》でスクープし、その記事と連携《れんけい》した神戸学院大学の上脇博之教授が金の流れを克明《こくめい》に調査したうえで各派閥の会計責任者らを政治資金規正法《せいじしきんきせいほう》の不記載《ふきさい》・虚偽記入違反容疑《きょぎきにゅういはんようぎ》で東京地方検察庁《けんさつちょう》に告発《こくはつ》したことがきっかけだ。

あなたは「記者クラブ」を知っているだろうか。知らなくてもその名称《めいしょう》くらいは聞いたことがあると思う。

これをざっくりと説明すれば、国会や中央省庁《しょうちょう》、警察や裁判所や地方自治体の役場など公的機関《きかん》や業界団体など各組織《かくそしき》に対する取材を円滑《えんかつ》に行うことを目的に、新聞やテレビなど大手メディアが中心となって構成した任意《にんい》組織《そしき》である、ということになる。記者クラブに加盟《かめい》していない（できない）外国メディアやフリーランスのジャーナリスト、雑誌や小部数の新聞などを記者会見の場から排除《はいじょ》しており、大手メディアが情報を独占《どくせん》するための談合組織《だんごうそしき》（カルテル）として、国際的に批判されているシステムだ。

その記者クラブに、「週刊文春」と「しんぶん赤旗」は加盟していない。したくてもできないのだ。僕もかつて経験があるが、申請《しんせい》すれば加盟は可能であると記者クラブの広報窓《こうほうまど》口《ぐち》は応答《おうとう》するが、その可能性はとても低い。まず新規《しんき》では認めてもらえない。

でもここに挙《あ》げた三つの大きな事件は、記者クラブに加盟できない（あるいはする気もない）「しんぶん赤旗」と「週刊文春」、そしてBBCの報道によって明らかになった。記者クラブに出入りできる大手メディアの記者たちは、（何となくは知っていた）これらの事件や不正について取材して報道するという発想を最後まで持てなかった。もしも外圧がなかったなら、裏金問題と旧統一教会問題とジャニーズ問題は、今も報道されていない可能性が高い。

国際NGO「国境なき記者団」が発表した二〇二四年度の「報道の自由度ランキング」で、日本の評価《ひょうか》は一八〇か国中七〇位（前年六八位）にスコアされた。主要七カ国（G7）ではもちろん最下位だ。ちなみに日本のひとつ上の六九位はアフリカのコンゴ共和国で、ひとつ下の七一位はやはりアフリカのコモロ連合だ。

民主党政権時の二〇一〇年には一一位だったのに、安倍政権になってからは下落《げらく》する一方だ。

ランキング発表と同時に「国境なき記者団」は、日本のメディア状況について、「伝統《でんとう》の重みや経済的利益《りえき》、政治的圧力《あつりょく》、男女の不平等が、反権力としてのジャーナリストの役割を頻繁《ひんぱん》に妨《さまた》げている」と補足《ほそく》している。

「反権力としてのジャーナリストの役割」の原文は、「their role as watchdogs」と記されている。roleは役割でwatchdogsは番犬《ばんけん》。つまり番犬の役割。番犬とは何か。強盗《ごうとう》や暴漢《ぼうかん》から大切な家族を守る存在。不審《ふしん》な動きや窓からこっそり入ろうとするような人が来たら、大きく吠《ほ》えて家族に知らせる。あるいは強盗や暴漢をひるませて追い払う。

メディアは番犬なのだ。そしてこの場合の家族とは国民を指す。ならば強盗や暴漢とは具体的には誰を示すのか。しばらくぶりに少し考えてほしい。

考えてくれた？　日本にとっての強盗や暴漢。つまり危険な国。ならば北朝鮮だろうか。あるいは中国か。ロシアも入るかな。

でも、残念だけどそれは不正解。もちろん外敵の脅威《きょうい》を知らせることもメディアにとって大切な役割だけど、もっともっと身近で危険な存在が国内にいる。

正解は国家権力《こっかけんりょく》。

つまり政府。それをウオッチする。これを権力監視《かんし》という。メディアやジャーナリズムにおいてはとても大切な役割だ。日本のメディアは、この権力監視が機能していないと「国境なき記者団」から批判されたということになる。

当然だと僕も思う。裏金や旧統一教会との癒着《ゆちゃく》が今になってようやく問題視されはじめた自民党が、日本の権力中枢《けんりょくちゅうすう》であることは書くまでもない。そしてジャニーズ事務所も、日本の芸能界におけるヒエラルキー（階層や階級）の最頂点の位置にあった。この二つの存在の共通項は、とても力が強いということ。下手に批判したら反撃《はんげき》される。あるいは潰《つぶ》されるかもしれない。そう考えて報道や監視に消極的《しょうきょくてき》になり、いつのまにかそれが通常の状態になってしまい、メディア関係者のほとんど（特に記者クラブに加盟しているテレビや新聞の記者たち）が違和感を持たなくなった。監視もしなければ、報道する（国民に知らせる）という発想が消えていた。

最近になって、国際的な日本の地位がどんどん下落《げらく》している、との声をあなたも聞いたことがあるはずだ。その典型《てんけい》は経済。かつては経済大国と言われていたのに、近年は（その国全体の景気《けいき》を表す）国内総生産（ＧＤＰ）はほとんど伸びず、二〇二四年度はドイツに抜かれて世界四位になった。ちなみに一位と二位はアメリカと中国だ。

世界四位ならまだいいじゃん、とあなたは思うかな。でも日本は人口が多い。だから総生産が多いのは当たり前との見方もできる。ならばＧＤＰを人口で割った一人当たりＧＤＰを見てみよう。実はこちらのほうが、国民一人ひとりの豊かさや潤《うるお》いを具体的に示している。

現在の日本の一人当たりＧＤＰは世界三七

位だ。昨年は三一位だったから急落と言えるだろう。もちろん先進七カ国（G7）では最下位。数年前に韓国にも抜かれている。

経済だけではない。僕の仕事のフィールドである映画産業においても、韓国にすっかり水をあけられている。映画だけでもない。二〇二一年九月にニューヨークで行われた国連総会に招待《しょうたい》されて気候変動対策《きこうへんどうたいさく》を訴《うった》えるスピーチを行った韓国のアイドルグループBTSが示すように、エンタメの世界でも韓国は日本のずっと先を走っている。

昨年二〇二三年、僕は初めての劇映画を公開した。タイトルは『福田村事件《ふくだむらじけん》』。だから昨年から今年にかけて、世界各地の多くの映画祭から招待されて、アジアでは中国と台湾と韓国に足を運んだ。

韓国の映画祭は釜山《プサン》国際映画祭。僕にとっては初めての映画である『A』から始まって、これまで何度も招待してくれている映画祭で、ソウルに次ぐ第二の都市であるプサンで開催《かいさい》されている。

街を歩きながら、ふと街の変化に気づく。道路が整備《せいび》されたとか高層ビルが増えたということだけではなく、特に日本人が気づく変化だ。

街から日本語が圧倒的《あっとうてき》に減っているのだ。以前ならば、飲食店の看板の横には韓国のハングル文字と並ぶように「海鮮鍋《かいせんなべ》あります」とか「焼肉美味《おい》しいよ」など日本語の表記をよく見かけたのだけど、いまはまったく目につかない。あっても英語だ。

そういえば日本の観光客もずいぶん減った。そもそも物価が高い。これなら新大久保のコリアンタウンで飲み食いしたほうが安いだろう。

物価が高いということは、円が弱くなっているということ。だから日本人は外国にあまり行かなくなった。その代わり日本を訪れる外国人観光客は増えている。物価が安いからだ。

かつて日本が経済大国と呼ばれていたとき、多くの日本人は団体で韓国や東南アジアの国々を観光で訪れて物価が安いと大喜びしていた。その状況とちょうど逆の構造だ。

ちなみに今年度の一人当たりGDPにおいて日本のひとつ下は急成長する台湾だから、数年のうちに日本は台湾に抜かれるだろうと予測する人は多い。

なぜ日本はこれほどに凋落《ちょうらく》したのか。国際的な地位が落ちたのか。もちろん理由はいくつかあるけれど、最大の要因は社会や政治が変わらないからだ。他の国はどんどん成長しているのに、自分だけ足踏《あしぶ》みしていれば取り残されることは当たり前だ。社会保障《しゃかいほしょう》についてもジェンダー指数においても、日本はずっと変わらない。ならばなぜ変わらないのか。

その最大の理由は、組織ジャーナリズムの権力監視が十分に機能していないからだ。

戦後日本は、自民党による一党独裁《どくさい》の時代が長く続いている。一九五五年の結党から現在に至るまで二二回行われた日本の総選挙において、自民党は二一回第一党の位置を示している。圧倒的だ。これまでの歴史で自民党が野党に転落したことは二回あるが、その期間は通算で四年だけだ。すぐに政権与党の位置を取り戻す。

さらに、自由民主党の結党は一九五五年だが、吉田茂率《よしだしげるひき》いる日本自由党と、その自由党からいったんは離脱《りだつ》した鳩山一郎《はとやまいちろう》が結成した日本民主党の合同だから（その後に自民党総裁として強権的に君臨《くんりん》した岸信介《きしのぶすけ》は民主党だ）、自民党の遺伝子《いでんし》はその前（つまり戦後すぐ）から、ずっと変わっていないと言っていいだろう。

ならばもう八〇年近く、自民党はずっと日本の権力中枢《ちゅうすう》に位置している。つまり一党独裁。ならば権力は絶対に腐敗《ふはい》して暴走《ぼうそう》する。ロシアや中国や北朝鮮ならともかく、普通選挙が実施《じっし》される民主国家でこんな事例は珍しい。

共和党と民主党の勢力が拮抗《きっこう》するアメリカでは、トランプが返り咲《ざ》いた今年一一月の大統領選が示すように、政権交代は頻繁《ひんぱん》に起きる。だからこそそれまでの政策の失敗や間違いをただすことができる。アメリカだけではない。韓国や台湾も政権交代はまったく珍《めずら》しくない。今年だけに限定しても、イギリスにブータン、オーストリアにスリランカ、バングラディシュなどで政権交代が起きている。八〇年ほぼ一党独裁。これで普通選挙が実施されている民主国家と言えるのか。

念《ねん》を押《お》すけれど、僕がアンチ自民党だからそう主張しているのではないよ。仮に現在の自民党の位置に立憲民主党や共産党などリベラルな政党がいたとしても、長く政権与党の時代が続くなら、僕は同じことを言うはずだ。

政権交代すべきだ。

独立宣言《どくりつせんげん》を起草《きそう》してアメリカの「建国の父」と呼ばれる第三代大統領トマス・ジェファーソンは、「新聞なき政府と政府なき新聞のどちらかを選べというなら、私は迷《まよ》うことなく後者を選ぶ」という言葉を残している。

意味はわかるかな。ジェファーソンの時代にはテレビやラジオがまだ誕生《たんじょう》していないから、新聞とはメディアのこと。そのメディアが存在しない（番犬としての機能を発揮できない）ならば、政治権力は存在すべきではないと現職の大統領が宣言しているのだ。なぜなら長期的で絶対的な権力は（もう一回書くが）必ず腐敗して暴走する。

ジェファーソンの箴言《しんげん》が示すように、アメリカにはジャーナリズムを尊重《そんちょう》する歴史と伝統がある。ベトナム戦争やイラクへの武力侵攻《ぶりょくしんこう》、現在のイスラエル擁護《ようご》が示すように力任せで自己本位《じこほんい》で独善的《どくぜんてき》な国だけど、ペンタゴン・ペーパーズやウオーターゲート事件が示すように、ジャーナリズムが政治権力をしっかりと監視する。あるいは過去を検証する。

これに対して、日本の大手メディアは検証する力がとても弱い。ニクソン元大統領は、「ワシントンポスト」や「ニューヨークタイムズ」との闘《たたか》いに敗れて任期中に大統領の地位を手放した。イラクへの武力侵攻を決めたブッシュ元大統領は、メディアから大義《たいぎ》なき戦争を引き起こしたことを批判され、『ブッシュ』、『バイス』など多くのハリウッド映画で史上最低の大統領として描写《びょうしゃ》された。イギリスのトニー・ブレア元首相も、ブッシュ政権を支持してイラク侵攻を肯定《こうてい》した責任を問われ、独立調査委員会の公聴会《こうちょうかい》で証人喚問《しょうにんかんもん》を受けている。

ところが、ブッシュ政権を強く支持してテロとの闘いを掲《かか》げて自衛隊を派遣《はけん》させた小泉純一郎元首相の責任を問う声など聞いたことがない。大手メディアも沈黙《ちんもく》し続けている。僕も責任をとれなどと責めるつもりはない。でも結果としては、起きるべきじゃなかった戦争の後押《あとお》しをしたことは事実だ。その過程《かてい》で何があったのか、その決断はどのように評価されるべきなのか、そんな議論はまったくない。

今回の選挙で自民党は大敗したけれど、かろうじて政権与党の位置にとどまった。今の日本を変えたいと思うなら、政治を変えることがいちばんの早道だ。そしてそのためにはメディアが変わるしかない。どうすればメディアは変わるのか。メディアにとっての市場である視聴者《しちょうしゃ》や読者が変わればいい。だってメディアは社会の合わせ鏡だ。この国のメディアの成熟度《せいじゅくど》が七〇位ということは、この国の社会の成熟度も七〇位であることを示している。ならばその社会（国民）が選ぶ政治のレベルも七〇位。この国は三流国だ。でも国民一人ひとりが主権者《しゅけんしゃ》としての意識を明確に持つならば、投票率も上がるはずだし、政党や候補者の選択《せんたく》も変わるはずだ。

重要《じゅうよう》なことだからもう一度書くよ。メディアを変えるためには社会が変わればいい。社会とは何か。それは僕でもあるしあなたでもある。

　つまり僕やあなたが変わればメディアは変わる。ならば政治も変わる。僕やあなたが変わるためには、メディアへの理解とリテラシーを身に付けることが前提《ぜんてい》だ。


　あなたは風景画を描《えが》こうとふと思いついた。白い紙と絵具と筆を用意して公園に行く。樹木《じゅもく》の葉っぱを描くとき、あなたは何色の絵の具を使うだろう。緑のチューブしか使わない？　そんなことはないよね。葉っぱをよく見つめれば、緑一色ではないことにあなたは気づく。黄緑色や茶色や赤を緑に混ぜたりするかもしれない。空の青や人の肌《はだ》や地面を描くときも、一色だけということはありえない。様々な色が重なったり混じり合ったりすることで、白い紙に描かれる世界は、あなたが感じたリアルな世界に近づくはずだ。

　でも多くの人は、複雑《ふくざつ》さよりも単純《たんじゅん》さを好む。この人は良い人。あの国は悪い国。あれは黒。ならばこれは白。1に1を足せば2。小数点以下は切り捨て。あるいは切り上げ。だってそのほうがわかりやすい。

　こうしてメディアは多面的な見方ができなくなる。でもそれも、ある意味で当たり前だ。多くの人が求めないチョコレートやキャンディばかりを作っている菓子メーカーは倒産してしまう。深海魚《しんかいぎょ》しか扱《あつか》わない魚屋さんはつぶれるはずだ。

　商品はマーケット（市場）によって規定される。そのマーケットの指標は、テレビならば視聴率《しちょうりつ》で、新聞や出版なら発行部数だ。YOUTUBEやネットニュースならばクリック数で、SNSなら「いいね!」に現れる。これらの数を増やすためには、できるだけ情報を簡略化《かんりゃくか》して、AかBのどちらかに分けねばならない。

　こうしてAかBしかない世界ができあがる。CやDやEの可能性を排除《はいじょ》した世界だ。葉っぱは緑で空は青一色。単色《たんしょく》で扁平《へんぺい》な世界。

　でも僕たちは知っている。世界は単色ではないし扁平でもない。いろんな色が混ざり合っている。緑と黄色のあいだにもいろんな色がある。異《こと》なる色が段階的に変わってゆく変化をグラデーションという。だからこそ世界は豊《ゆた》かで美しい。僕はそう思っている。

「報道の自由度ランキング」でほぼ毎年ワーストにランキングされる北朝鮮を訪ねたのは二〇一三年だ。北京《ペキン》から平壌《ピョンヤン》行きの高麗《コリョ》航空《こうくう》機《き》に乗り込むと、乗客の半数以上がヨーロッパからの観光客であることに驚いた。でもそれも実は当たり前。日本のメディアの情報だけに接していたら、北朝鮮は世界から孤立《こりつ》した国だと思ってしまうけれど、まずはそれが間違いだ。北朝鮮と国交関係をもたない国は、アメリカ、日本、韓国、イスラエル、サウジアラビアなど、とても少数だ。ヨーロッパで国交がない国はフランスだけ。現状では一五〇以上の国が北朝鮮と外交関係を有していて、イギリスやドイツは自国の大使館を北朝鮮の首都《しゅと》である平壌《ピョンヤン》に置いている。

　だからヨーロッパからの観光客が多いこと

は当たり前。ただし（僕の感想だけど）観光には不向きな国だ。ホテル代や土産物《みやげもの》など外国人向けの物価は高い。何よりも、外国人は自由に街を歩けない。北朝鮮が指定するガイド（兼通訳《けんつうやく》）と一緒に行動することを強要される。一人で勝手に街をうろついたら当局に拘束《こうそく》される可能性もある。

……とは聞いていたけれど、僕についたガイドはそれほど厳《きび》しくなかった。平壌滞在中《たいざいちゅう》に市内を一人で歩きたいと伝えたら、いきなり許可なく市民にカメラを向けたらだめですよ（これはどこの国でも当たり前）、と言いながらも、とりあえず了解《りょうかい》してくれた。だから滞《たい》在中《ざいちゅう》に三回くらい、カメラを手に一人で街中を歩くことができた。ただし三回とも、多くの市民や警察官らしき人からじっと見つめられて困惑《こんわく》したけれど。

他に気づいたこと。市内のあちこちにその日の新聞が貼《は》り出されている。実は日本のように、新聞が毎朝家に配達される国はとても少ない。庶民《しょみん》の暮《く》らしはまだまだ貧《まず》しくて、毎朝新聞を買うことができる人たちは富裕層《ふゆうそう》だ。だから多くの人は貼り出された壁新聞を読む。その新聞を写真に撮ろうとして気がついた。事件や事故などを伝える社会面がない。正確には「ない」わけではないけれど、事件や事故の報道はとても少ない。一面で大きく伝えられるニュースは、すべて政府（労働党）の公式発表が情報源だ。特に最高指導《さいこうしどう》者《しゃ》の動向は、写真付きで詳《くわ》しく伝えられる。テレビも同様。事件や事故などのニュースはほとんどない。

スマホなど携帯電話はかなり普及《ふきゅう》しているが、ネットも含めて国外との情報のやり取りはほぼ不可能だ。僕もノートパソコンと携帯電話を持ち込んだけれど、国外とはいっさいつながらない。

北朝鮮など独裁的な政治体制を持つ国に共通する要素は、メディアが権力の監視役として機能していないことだ。報道の自由度ランキングで、北朝鮮と並んで毎年最下位グループに位置するエリトリアやトルクメニスタンやイランも、やっぱり独裁体制の国だ。政権交代《こうたい》はほぼ起きない。共産党が一党支配を続ける中国も、(北朝鮮ほどではないけれど)国内から海外のネットやSNSに繋《つな》げることは難しい。

つまり政権がメディアをコントロールすることが、独裁体制を維持するための必要条件だ。これを言い換えれば、メディアがしっかりと機能して政権を監視して批判することが自由にできる国ならば、独裁体制には決して陥《おちい》らない、ということになる。

僕らの国はどうだろう。電話もインターネットも、まったく制限なく外国とつながることができる。言論や表現の自由は日本国憲法によって保障《ほしょう》されている。政府を批判しても逮捕《たいほ》されない。

でも報道の自由度ランキングは世界七〇位。不思議だ。どうしてこんなことが起きているのだろう?

理由は(自民党の裏金問題や旧統一教会問題、そしてジャニーズの性加害事件が示すように)メディアの側の自主規制《じしゅきせい》が大きいからだ。圧力《あつりょく》ではない。でも結果的には圧力がある独裁国家と同じようにメディアの自由度が制限されている。

公正中立《こうせいちゅうりつ》の座標軸《ざひょうじく》は誰かが決めている。座標軸が変われば公正中立の基準《きじゅん》も変わる。かつて戦争をやっていた時代と今とでは公正中立の基準が変わっている。A国とB国とでも違う。Aさんにとっては公正中立なニュースでも、Bさんには偏向《へんこう》して感じられるかもしれない。発信する側も読者の側も、それを意識すること。気づいたうえでニュースを流し、受け取ることが大切だ。

例えば沖縄の基地問題。世界一危険と言われてきた普天間飛行場《ふてんまひこうじょう》を辺野古《へのこ》に移す計画を政府は進めている。でもこの移転には沖縄県民の七割が反対し、辺野古には世界的に貴重な生物や自然環境があるため、国内外の環境団体も作業の中止を呼びかけている。「朝日新聞」や「毎日新聞」、あるいは沖縄の地元紙である「琉球新報《りゅうきゅうしんぽう》」や「沖縄タイムス」などは基地の建設に反対する記事が多く掲載《けいさい》されている。そして「読売新聞」や「産経新聞」は、基地建設を推進《すいしん》する政府に賛成する記事が多い。論調《ろんちょう》がまったく違う。もしもあなたに「いったいどっちが嘘《うそ》をついているんですか」と質問されたら、「どちらも嘘ではないよ」と僕は答える。視点が変われば景色が変わる。新聞は読者のニーズによって記事が変わる。読売や産経新聞の読者は今の政権を支持する人たちが圧倒的に多い。朝日や毎日新聞を読む人たちは支持しない人たちが多い。そして沖縄に暮らす人たちの多くは米軍基地に対して（当たり前だけど）批判的だ。つまり市場（読者層）が違う。そして市場によって論調は変わる。

テレビには時間の制限があるし、新聞や雑誌などでは文字数の制限がある。それに合わせて情報は四捨五入される。どこを削《けず》ってどれを残すのか。それは市場によって決められる。こうして同じ情報でも記事やニュースは媒体によって変わる。そこに一〇〇パーセントの真実など存在しない。グラデーションなのだ。これに気づくことがメディア・リテラシーの本質《ほんしつ》だ。

もちろん、こんな状態がベストであるはずはない。でもメディアは自発的には変われない。新聞社にとってもテレビ局にとっても、経営の安定を追求することは当たり前だ。ならば合わせ鏡のこちら側、市場の一人ひとりである僕たちが変わればいい。

でも気をつけなければいけないこともたくさんある。ＳＮＳを使っていると、スマホの画面は多様で豊かな世界につながっているように思いがちだ。ところが実際は、これまであなたがどんなサイトや何をクリックしたとかのデータをもとに分析《ぶんせき》されていて（これをアルゴリズムという）、あなたの好みや志向《しこう》に沿《そ》うようにスマホの画面は表示されている。あなたが好むニュース、あなたが好む広告ばかりが目に入ってくるようになる。それは、たくさん色が混在する現実とは微妙《びみょう》に違う。世界があたかも同じ意見で一色であるかのように思い込んでしまう可能性がある。

テレビや新聞に取り上げられないことでも、インターネットにつながりさえすれば、自分の見たい情報をすぐに探すことができる。さらに僕たちは、SNSで自分の視点《してん》や意見を発信できるようになった。新聞社や放送局の記者じゃなくても、大勢《おおぜい》に向けて何かを伝えることができる。こんな状況はインターネットが普及《ふきゅう》する前には考えられなかったこと。

もしも社会がSNSによって（良い方向に）変わるのなら、メディアもあっというまに変わる。そう考えれば、SNSはとても素晴らしい機会を僕たちに与えてくれた。

でもメディアが持つ問題は、実はSNSにも同様にある。情報は視点によって変わる。あなたもSNSで発信するとき、四捨五入（端数の切り上げや切り下げ）は機械的にしているはず。そして多くの人に「いいね」やRTをしてもらいたいと思うとき、どうしても刺激的で過剰《かじょう》な表現をしてしまうことだってあるはずだ。これはSNSだけの問題ではない。YOUTUBERはアクセスを多くするために、危ないことをしたり危険な場所に行ったりして頻繁《ひんぱん》に問題になる。あるいはバイト先で店に迷惑をかける行為《こうい》をわざわざしてそれを動画サイトにあげて炎上《えんじょう》して大騒《おおさわ》ぎになったり、そんなニュースはあなたも見たことがあるはずだ。

ニュース一つひとつのソース（出所）をチェックするのは不可能だ。他のニュースとの比較も難しい。だって僕たちはそれほど暇《ひま》じゃない。そんな余裕《よゆう》は時間的にも経済的にもなくて当たり前。ならばどうすればいいのか。

実はとても簡単なこと。以下のことをしっかりと覚えてくれるだけでいい。

すべての情報には、必ず誰かの視点が入っている。記者が書いている。カメラマンが撮《と》っている。記者によって書かれる内容は変わる。同じ場所でもカメラマンによって写真は変わる。記事や映像はすべて、起こっていることの一部であり断面《だんめん》だ。そしてその断面は誰かの解釈。

しっかりと覚えることはこれだけ。その上で、事実は多面的でありどこから見るかで見え方が変わるという意識を持つこと。それだけで「情報への距離感《きょりかん》」が変わる。読む立場のときもそうだけれど、あなたが伝える側になったときも、これは忘れずにいてほしい。

人は自分の視点でしか物事を認知《にんち》することができない。その意識を常に持つこと。自信がなくなって後ろめたい感じがするかもしれない。でもそれでいい。それは謙虚《けんきょ》さでもある。これがなくなると正義《せいぎ》をふりかざしてしまう。最もダメな状況《じょうきょう》だ。

とても単純な形をしているコップですら、横から見れば長方形だし上や下から見れば円になる。たった一枚の写真では、コップを見たことがない人に正確に伝えることは難しい。

世の中のほとんどのことはコップよりもはるかに複雑だ。どこから見るかでくるくる変わる。どちらが正しいのかとかそっちが間違っているなどと言い合っても意味はない。どちらもある。視点は無限だ。まずはその認識を持つこと。そのうえで考える。どちらの視点のほうが多くの人を幸せにするのか。どちらの視点が人を傷つけないのか。害《がい》さないのか。ならばその視点に立つべきではない。こちらの視点を選ぶべきだ。そうやって考え続ける。

写真や動画にはフレームがある。フレームの外にも世界は広がっている。アングルによっても写真は変わる。動画のカットは秒単位で変わるけれど、変わった後も時間は流れている。メディアの外にあるものを想像するだけで、ニュースに振り回されることはなくなるはずだ。

もちろん、誰かを傷つけることや政治的な影響力《えいきょうりょく》を行使《こうし》するためのフェイクニュースは論外《ろんがい》。それはそれでしっかりと見分けなければいけない。

でもそのうえで、あなたに知ってほしい。ほとんどの情報はイチかゼロではない。白か黒でもない。真実か虚偽《きょぎ》かでもない。そのグラデーションが世界。いろんな数字がある。いろんな色がある。真実は人によって違う。

だからこそ世界は豊かだ。そしてこれに気づいたとき、きっとあなたは人の優《やさ》しさにも気づくはずだ。僕はそう思っている。

二〇二四年一二月　森　達也

谷川俊太郎《たにかわしゅんたろう》さんからの四つの質問《しつもん》への森《もり》 達也《たつや》さんのこたえ

「何がいちばん大切ですか？」

『いのちの食べかた』を書いたときのこたえは「自分が生きているこの世界」。当《あ》たり前《まえ》だけど、それは今も変わらない。

「誰がいちばん好きですか？」

『いのちの食べかた』を書いたときは、「そのときによって違《ちが》います」とこたえたけれど、当《あ》たり前《まえ》だけどそれも変わらない。やっぱりニール・ヤングは大好《だいす》き。

「何がいちばんいやですか？」

『いのちの食べかた』を書いたときは、「カマドウマとホヤ」と書いたけれど、実《じっ》はホヤは最近《さいきん》食べた。思っていたほど不味《まず》くはない。また食べたいとは思わないけれど。カマドウマは相変《あいか》わらず。

「死んだらどこへ行きますか？」

『いのちの食べかた』を書いたときは、「たぶん消えます」と書いたけれど、最近《さいきん》生まれ変わりをテーマにしたテレビ番組《ばんぐみ》を観《み》て、「もしかしたら消えないのかな」という気もしてきた。……本の内容《ないよう》と矛盾《むじゅん》しているって？　当《あ》たり前《まえ》。人間なんて矛盾《むじゅん》だらけ。まあでも、最終的《さいしゅうてき》にはやっぱり「わかりません」。

森 達也（もり・たつや）映画監督・作家。1998年、ドキュメンタリー映画『A』を公開。2001年にはその続編『A2』が山形国際ドキュメンタリー映画祭で審査員特別賞・市民賞を受賞。2023年に発表した初の劇映画『福田村事件』は第47回日本アカデミー賞で監督賞を受賞した。著書に、『A3』（第33回講談社ノンフィクション賞受賞、集英社文庫）、『放送禁止歌』（知恵の森文庫）、『死刑』『いのちの食べ方』（いずれも角川文庫）、『集団に流されず個人として生きるには』（ちくまプリマー新書）ほか多数。

増補新版 世界を信じるためのメソッド
ぼくらの時代のメディア・リテラシー

2025年2月10日　初版第1刷発行

著　者　森 達也
発行者　堀江利香
発行所　株式会社　新曜社
101-0051　東京都千代田区神田神保町3-9
Tel: 03-3264-4973　Fax: 03-3239-2958
e-mail: info@shin-yo-sha.co.jp
URL: https://www.shin-yo-sha.co.jp/

よりみちパン!セ®
YP17

装画・挿画　100% ORANGE／及川賢治
ブックデザイン　祖父江 慎＋根本 匠（cozfish）
印刷・製本　中央精版印刷株式会社

Printed in Japan ISBN 978-4-7885-1868-1 C0095